中国
外汇市场蓝皮书

China Foreign Exchange Market Blue Book

中国外汇市场及贵金属暨原油大宗商品行业发展蓝皮书·上册

FX168金融研究院 编

2017

上海财经大学出版社

图书在版编目(CIP)数据

2017中国外汇市场及贵金属暨原油大宗商品行业发展蓝皮书：上下册/FX168金融研究院编.—上海：上海财经大学出版社,2017.10
ISBN 978-7-5642-2860-6 / F.2860

I. ①2… II. ①F… III. ①外汇市场—研究报告—中国—2017 ②贵金属—商品市场—经济发展—研究报告—中国—2017 ③原油—商品市场—经济发展—研究报告—中国—2017 IV. ①F832.52 ②F724.7

中国版本图书馆CIP数据核字（2017）第261953号

□ 责任编辑　李志浩
□ 封面设计　侯南恩

2017 ZHONGGUO WAIHUI SHICHANG JI GUIJINSHU JI YUANYOU DAZONG SHANGPIN HANGYE FAZHAN LANPISHU
2017中国外汇市场及贵金属暨原油大宗商品行业发展蓝皮书
FX168金融研究院　编
（上册·2017中国外汇市场蓝皮书）

上海财经大学出版社出版发行
（上海市中山北一路369号　邮编200083）
网　　址：http://www.sufep.com
电子邮箱：webmaster@sufep.com
全国新华书店经销
上海景条印刷有限公司印刷装订
2017年11月第1版　2017年11月第1次印刷

889mm×1194mm　1/16　11.75印张　235千字
定价：168.00元（上下册）

2017 中国外汇市场蓝皮书
编辑委员会

总　　编

江　泰

主　　编

李鲁平

编　　辑

张凌骏　梅菊桃　汤擎天

编委会成员

李　莎　郭永生　戴　翀　董　静　凌海涛　冷晓菲
吴春娟　张文娟　王灿灿　方丽娟　杭　帆　李慕陶　钊　翠

编辑说明

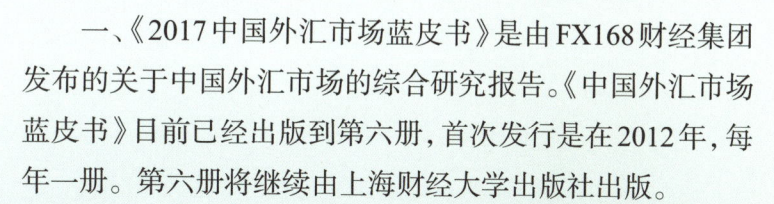

一、《2017中国外汇市场蓝皮书》是由FX168财经集团发布的关于中国外汇市场的综合研究报告。《中国外汇市场蓝皮书》目前已经出版到第六册，首次发行是在2012年，每年一册。第六册将继续由上海财经大学出版社出版。

二、本书共分为九个部分，第1部分，综述；第2部分，国内零售外汇市场投资者结构及行为分析；第3部分，国内外外汇行业热点与趋势；第4部分，金融监管研究；第5部分，境外主要外汇经纪商运营数据及动态；第6部分，国际外汇市场综述；第7部分，人民币；第8部分，专题研究；第9部分，附录。

三、本书的内容和数据均由FX168财经集团通过公开渠道、自身运营数据、外部邀稿采集、编辑，数据力求真实有效。

四、在编辑蓝皮书过程中，得到各金融机构、高校学者、科研院所和个人投资者的大力支持和协助，在此一并致谢。愿中国外汇行业在大家共同努力下蓬勃发展。

《2017中国外汇市场蓝皮书》编委会

2017年10月

序

中美贸易博弈下的人民币汇率

自从中美首脑海湖庄园会晤后的百日期间，中国在人民币汇率形成机制中加入了"逆周期因子"，主要是为了未来应对全球金融危机周期和商品价格波动周期可能引发的市场剧烈波动。自从加入SDR后，作为一个负责任的大国货币，人民币保持其币值的相对稳定有利于在全球和地区经济的平滑方面发挥巨大的作用。但也冒着被美国扣上"汇率操纵国"和"汇率失调国"帽子的风险。如今，美国商务部已经启动"301调查"，现在面对着的问题是中美贸易摩擦如何化解？这也将是人民币汇率机制未来发展必须要思考的课题。

自从人民币进入SDR后，作为各国官方储备货币地位随之被确立。其汇率波动轨迹也将具有国际货币共同特征。国际货币汇率波动特征就是短期内可以上下起伏，但长期（年度）波动区间基本相对稳定。五种货币作为价值尺度，自然要保持一种协调关系。各国进出口商应对汇率波动都能预测各种国际货币的"上限"和"下限"（即天花板和地板），并且可以比较准确地设计各种衍生品来回避汇率风险。即便被"套牢",这五种货币一般也会在两三年期间解套。尤其是在全球金融危机期间这些货币则相对稳定,成为全球资产的"避风港",也就是避险货币。如果没有这些特征的话,很难称得上"国际货币"。所谓相对稳定,也就是这些主要国际货币都是在这一个区间中波动。各个国际货币为了让投资者的估价不出现"离奇"偏差,互相"默契"和参照。也就是SDR构成货币之间形成一个"蛇洞",主要国际货币在"蛇洞"中再根据本国的国情有所调整。若不能维持在"蛇洞",则会"出局"。为此,无论是美元、欧元还是日元都有触底反弹和触顶下跌的预期。人民币既然也进入该"蛇洞",就如一条小蛇要学会在洞里"游泳"。近期内维持与美元的汇率在6.4至6.9之间幅度,与其他主要货币也在一个相对的区间。这也是国际货币汇率的"潜规则"。大家都想扩大其在"蛇洞"中的空间(权重)。但必须慢慢等待时机。美元把英镑赶下台,等待了50年,实际上当时的美国GDP超过英国已经有50年了。美元通过盯住英镑获得了"英镑"的价值尺度的"网络外部性",在全球投资者脑中留下了稳定的价值尺度。后来通过布雷顿森林体系的制度更替,确认了美元的霸主地位。

当前美元与欧元汇率处在顶部和底部轮换的不确定中,人民币处于顶部和底部当中。国际金融形势很不明朗。特朗普政府与美联储耶伦的观点不合,美国在推进缩表中可能暂缓加息的压力。但加息是美联储货币政策"正常化"的初衷。为此未来美国的政策不明朗也造成美元的走势扑朔迷离。欧元区的难民和债务缠身,加上与日本央行的宽松量化货币政策的退出的拖延,国际金融形势处于剧烈的变动之中。在万变中走自己的路,人民币汇率的变动首先要贴近中国实体经济的需要,与中国核心通胀率要吻合。同时,再考虑其在"蛇洞"中与其他四条蛇的"博弈"。

未来中美就"301调查"在贸易和金融服务业上将避免不了有一场"博弈"。人民币汇率在其中的走势不应该作为贸易不平衡的"话柄",中美贸易不平衡根源在于美国的"潜在的反比较优势"政策。该政策对美国比较优势商品的"限制出口",与国际贸易理论相悖,其实是美国的政策扭曲,却要求中国政策"再扭曲"来纠正是不妥当的。人民币汇率要走自己的道路。不要畏惧被扣上"汇率操纵国"或"汇率失调国"的帽子。学会在"一带一路"的贸易投资中用人民币计价,继续推进人民币国际化,以此来扩大在SDR"蛇洞"中的空间。扎扎实实地夯实国内金融市场的深度和广度,中国经济的强盛才是人民币汇率稳定的基础。汇率是一种特殊价格,只要在国际价值的"通道中",获得国际价值尺度才是人民币国际化努力的方向。

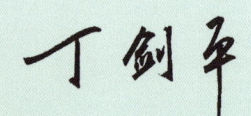

上海财经大学现代金融研究中心　丁剑平
2017年8月

序

拜台湾地区主管机关开放杠杆交易商执照申设，外汇保证金业务自2017年初在台湾期货商间如火如荼地展开，也开启了与FX168财经集团频繁交流的滥觞。

期权交易在台湾发展已逾20个年头，从交易、风险管理到法令规章各方面的发展均已臻完善，也提供两岸金融市场发展不少的借镜，不过反观台湾在店头型衍生性商品发展上仍趋向保守，市场交投及产品开发尚有待突破，以外汇保证金业务来说，依国际清算银行（BIS）统计，2016年全球外汇市场每月成交量超过150兆美元，显示外汇保证金市场在台湾有很大发展潜力。

而外汇保证金业务虽是以现货市场为商品，以保证金来放大杠杆倍数，对期货商而言是相当具有指标意义，跳脱了既有期货领域，但仍具有期货的交易特性及功能；加上外汇交易是全球最大的投资市场，24小时全天候皆有投资机会，时值全球陷入汇率大战之际，如何打造友善、安全的外汇投资环境，在主管机关合法合规的监管下，提供投资人跨领域及跨市场的汇率相关避险的交易渠道，是富邦期货为达到服务实体经济、量身规划避险策略之具体目标，也是发展更全面的衍生性商品交易服务的策略蓝图之一。

从这两年来看，海外经纪商在台湾地区的线下讲座明显增多，他们的开发模式多是采取"代理模式"拓展业务，而台湾本土公司则多采用"直客模式"，借由操作经验分享与商品研发创新能力，开发多种风险警示与防护措施，提供更全方面之客户服务，让投资人随时掌握投资目标之概况并实时调整投资组合，降低风险，而这部分更须端赖外汇经纪商与FX168财经集团等专业金融网站之密切合作，为两岸投资人立下服务的标杆。

最后，本人谨代表富邦期货预祝FX168财经集团《2017中国外汇市场蓝皮书》发布顺利成功，为中国外汇行业再度谱下值得记录的崭新扉页。

台湾富邦期货总经理　张雅斐
2017年8月

寄语

有人说,这可能是我们外汇经纪商或是个人外汇市场一个最好的时代,也可能是一个最坏的时代。

老实说,我倒也不觉得。

身为一名行业资深从业人员,每次关于"国家要开放银行或金融机构更多外汇业务""个人民众能买卖更多外汇相关产品""外汇政策将更进一步国际化"……这些标题出现的时候,朋友圈总是一片刷屏、大声叫好。

"连安迪都用MT4了、樊胜美都在外汇理财了!""外汇行业的春天要来了!"

结果,最好的时代来了吗?

今年各个同业群组传得最多的照片,大概就是客户和代理的打砸闹事、拉横幅,甚至现场都出现直播了,今天这家倒,明天这家跑,搞得人心惶惶,弄得员工不知所措,就怕下一家出事的是自己家。

"第三方支付要封闭了!""上星期那个谁进去了!"

结果,最坏的时代来了吗?

不用看FX168蓝皮书，我也可以知道外汇经纪商倍数成长、从业人员日益增加，当然也有退出中国市场经营的平台和品牌，但是也有更多内转外的新兴经纪商。线上线下活动从来没有减少，自媒体和第三方服务越来越多，各家对市场的整体投入金额也越来越高。然而，行业的危机也从来没有减少。前几年有内盘交易所，这几年有P2P和邮币卡，今年又多了资金盘和金融传销。

说实话，这些都不重要。这么多年来的风风雨雨，能留下的也留下了，被淘汰的从来不是因为中国市场不好，而是股东逃跑。我真心觉得能做好自己就好，做最擅长的事、提供最好的服务，不骗客户、不敷衍领导。

至于这行业啥时要开放？真的不关我们的事。

但是，我知道一件事，就是行业继续闹下去、被坑杀客户越来越多、维权闹事越来越激烈、媒体协助更多资金盘或金融传销、外汇公司之间彼此不交流对话，以上任何一项，都足以毁灭这个行业。

所以，这个时代和其他的时代都一样，不好也不坏。

好好地做，在哪个行业都吃得开；坏坏地搞，到哪家公司都死得早。我们能够一起轻轻松松吃一顿饭、月底安安心心领一份钱，如此就好。

ADS达汇亚洲区CEO　李纪纲

2017年8月

序

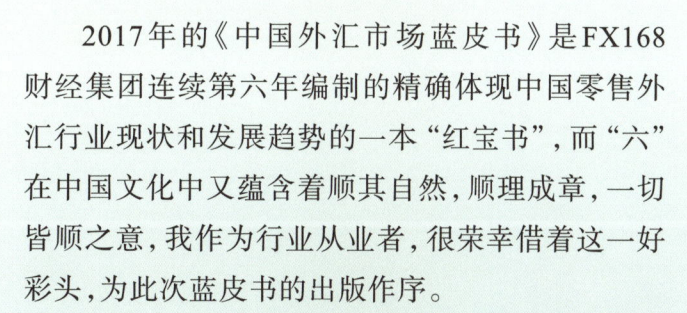

2017年的《中国外汇市场蓝皮书》是FX168财经集团连续第六年编制的精确体现中国零售外汇行业现状和发展趋势的一本"红宝书"，而"六"在中国文化中又蕴含着顺其自然，顺理成章，一切皆顺之意，我作为行业从业者，很荣幸借着这一好彩头，为此次蓝皮书的出版作序。

零售外汇市场是除了机构间外汇市场外，国际金融市场中不可或缺的一部分。不管是出于投资还是投机的目的，零售外汇市场总是能帮助市场参与者在其中找到适合自己的定位。其充裕的流动性、灵活的保证金制度以及丰富的产品种类，让这个市场充满了无穷的魅力。在这个市场中，研究的不再是微观经济，比如一两个行业或公司前景及财务状况，而是面对世界上各国之间宏观政治经济面的变化及博弈，身处这个市场犹如身处一个规划世界格局的大棋盘，是棋子还是棋手，市场中大大小小的参与者都可以以自己的交易策略来体现自己扮演的角色。

中国的零售外汇市场到如今也已经走过了风

风雨雨十几年时间，中国的零售外汇市场参与者（其中包括从业者、客户、媒体以及附属的产业链）对这个市场从来都不缺乏执着和热情，并为这个行业在中国的健康蓬勃发展用自己的方式做出了鲜明的见证。《中国外汇市场蓝皮书》正是这样一本记录着行业发展史的"史册"，把中国零售外汇市场的变化与发展历程中的点点滴滴进行归类和总结，以文字的方式来为这个行业的先导者致敬，让行业的参与者反思，并同时向后来者提供宝贵的经验。

2017年可以说是中国零售外汇市场超高速发展的一年，各方力量角力导致的全球政治经济环境的不确定性，世界主要监管体系日趋细化和严谨，新技术和新产品崭露头角等等这些因素都为这个市场创造了大量的契机，也为这个市场更加良性化发展提供了框架和蓝图。《中国外汇市场蓝皮书》通过九个部分的详细阐述，利用大数据的分析从各个角度为读者提供了大量翔实的资料，并以独到的观点方便了在这个市场中和站在市场外观望的人群以第三方的角度和视野来观察这个市场，帮助他们为自己的决策做出更加准确的判断。

我们现在所处的是一个充满机遇、风险和变革的时代。在这个大浪淘沙的过程中，如何能够做到脱颖而出，在这个行业的历史上注上自己浓重的一笔，我以以下六字来共勉："专业，原则，本心。"

CMC Markets 大中华区总裁　程必逸

2017年8月

序

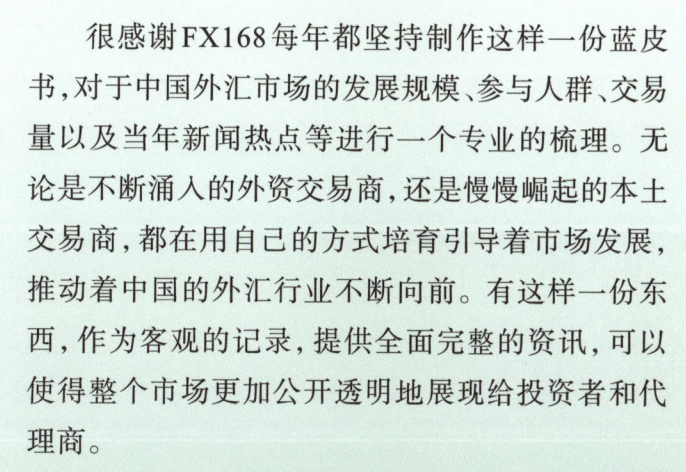

很感谢FX168每年都坚持制作这样一份蓝皮书，对于中国外汇市场的发展规模、参与人群、交易量以及当年新闻热点等进行一个专业的梳理。无论是不断涌入的外资交易商，还是慢慢崛起的本土交易商，都在用自己的方式培育引导着市场发展，推动着中国的外汇行业不断向前。有这样一份东西，作为客观的记录，提供全面完整的资讯，可以使得整个市场更加公开透明地展现给投资者和代理商。

然而对于交易商来说，2017年的中国外汇市场，是烈火烹油还是凛冬将至？

虽然每年都有新的交易商加入这个市场，但是今年尤为明显，仿若"忽如一夜春风来，千树万树梨花开"。缘起于国家这两年对于内盘交易所、邮币卡、二元期权进行了整顿和打击，很多该类型的公司都因此纷纷转型，并把目光放在了外汇领域。塞浦路斯监管牌照，英澳授权代表（AR）牌照的申请排起了长龙。主标、白标搭建公司生意接到手软，媒体线下活动的日程排得满满当当。好像这个行业突然变成了一个聚宝盆,每个人都可以很轻易地从中分一杯羹。但是作为市场的新兵,很多交易商还需要经受住市场的考验。虽然搭个班子就能唱戏,开业大酬宾式的低价促销也能吸引到客人,但环境舒适、服务周到、台上表演的角儿唱功了得才是留住客人的关键。

而对于一些已在中国市场耕耘多年的交易商,却感受到了丝丝寒意。

今年不少券商的非正常客诉事件急剧增多,甚至有些投资者使用恶意维权的手段,影响交易商的正常办公。并在网上发表各种文章和言论来中伤、抹黑交易商。每个正规交易商在投资者开始交易之前,都会提示"投资有风险,入市需谨慎"。每个投资者都应该根据自己的情况量力而行,而不是抱着一夜暴富的心态来参与。

而一些披着外汇平台的外衣,实际上实施资金传销盘的公司,以外汇作为包装外衣,利用保本高息的方式,不停地发展多级下线,在短时间内大量吸纳资金。时候一到,关门卷款跑路。这使得正规的外汇交易商背上了黑锅,蒙受不白之冤。也导致了部分支付通道的暂停,在一定程度上也影响了正常交易商的出入金速度和方式。

放眼全球,欧盟的《金融工具市场指令》(MiFID Ⅱ)将在2018年初生效,这会增加对投资者的保护,但同时也意味着对金融机构更严格的约束和监管。欧洲各国监管机构可能都会顺应新条例而对投资者资信进行更全面的审核,并对杠杆进行调整。塞浦路斯去年已经宣布要调低杠杆,英国也会在2018年初宣布降低后的杠杆比例,土耳其已经将杠杆降至1:10,比利时已禁止CFD产品在该国的宣传和交易。这可能导致部分外汇交易商去寻找他国监管。正如美国NFA把美国外汇交易商的杠杆调低至1:20～1:50后,美国交易商在全球外汇交易中失去了竞争的优势和活力,被迫去使用英澳等牌照来继续服务全球的客户。过于严苛的监管条例会使得正规交易商增加运营成本和开发难度。资金安全保障和灵活快捷的交易方式将会成为中国投资者的两难选择。

2008年和2012年,中国的外汇市场都曾遭遇过低谷和寒冬。但哪怕是最黑暗的时刻,也能见到温暖的阳光。所以无论是烈火烹油还是凛冬将至,市场才是最真实的试金石。向着正确的方向去努力,剩下的就交给时间吧。

"这是最好的时代,也是最坏的时代;这是光明的季节,也是黑暗的季节;这是希望之春,也是失望之冬。"让我们静静期待吧。

GKFX捷凯金融大中华区总裁　王宇扬
2017年8月

目录

序 .... 丁剑平 1
序 .... 张雅斐 1
寄语 .... 李纪纲 1
序 .... 程必逸 1
序 .... 王宇扬 1

第1部分 综 述

（一）2017年中国外汇市场发展概述 2
    1. 政策监管 2
    2. 银行间外汇交易 3
（二）中国外汇市场发展大事记（2017年） 5
（三）2017年中国外汇市场新动向 7
    1. 又一里程碑事件！香港与内地债券市场互联互通上线 7
    2. 中国银行间外汇市场会员的"朋友圈"继续扩大 8
    3. 中国外管局通报外汇违规案例，单笔最高罚款近2 300万元 8

4. 中国银行间市场举行首轮外汇期权冲销,规模逾40亿美元 9

5. 中国外汇交易中心将升级交易平台,新增CDS市场 9

6. 中国央行:已将外汇风险准备金征收比例降为零 9

第2部分　国内零售外汇市场投资者结构及行为分析

(一) FX168投资英雄中的投资者结构 12

1. 男性投资者远远高于女性投资者 12
2. 35～54岁投资者投资需求最为强烈,25～34岁的投资者占比大幅增长 12
3. 经济发达地区投资者居多,湖北地区连续两年蝉联冠军 13
4. 欧洲时段超越北美成交易最活跃时段 13
5. 英镑/美元连续第二年交易量高居榜首 13
6. 盈亏比三七开,系统性培训可助投资者减少亏损 14

(二) 交易数据中的投资者行为分析(数据来自FX168盒子) 15

1. 市场行情整体状况:主要货币对平均振幅14.18% 15
2. 市场财经数据整体状况:利多利空数据量相当 16
3. 市场信息分析整体状况:欧元/美元分析信息最多 17
4. 市场交易账户整体状况:空单略多于多单 18

(三) 经纪商平台定向调查结果 20

1. 账户数、交易量、新客户开发量三头并进 20
2. 中国区运营情况:业务占比不容小觑 21
3. 客户指标:首次入金档次较为平均,基本是活跃用户 22
4. 最受欢迎交易货币对:欧元/美元、英镑/日元分列直盘和交叉盘第一 22
5. 经纪商认为,投资者最关心这几个问题 23
6. 平台的客户从哪儿来?能存活多久? 23
7. 展望2018:线下热度不减 24

(四) 网上公开调查结果 25

1. 男性年轻人仍是参与主体,盈亏占比几乎一致 25
2. 24小时交易市场用户时刻准备交易 26

3. 日元受喜爱程度首次反超英镑 26
4. 短线交易为交易主流，偏向技术面和基本面结合 26
5. 对EA和培训用户这么看 27
6. 网媒仍然是信息渠道首选 27
7. PC端交易比重连续两年大幅下降 27
8. 用户最关心的：出金、监管、成本 28
9. 平台纠纷发生时多数选择协商处理 28

第3部分　国内外外汇行业热点与趋势

（一）福汇被逐出美国市场，股价跳水被纳斯达克下达退市通知 30
（二）全球监管机构大招频出，零售外汇行业刮起监管风暴 32
  1. CySEC限制赠金活动 32
  2. FCA提出对CFD产品更严格的监管规定 33
  3. 澳洲监管部门令CFD和外汇经纪商难安 33
  4. 以色列新法案禁止境外宣传二元期权产品 34
  5. 荷兰监管局计划禁止二元期权、外汇及CFDs广告 34
  6. 法国监管部门正式实施外汇和二元期权电子广告禁令 35
  7. 德国监管机构采取干预措施保护零售客户 35
（三）里程碑事件！全球外汇行业准则重磅出炉 36
（四）因违反沃尔克规则和外汇操纵，德意志银行、法国巴黎银行分别遭美联储重罚 38
（五）因操纵利率，四家国际投行遭重罚 40
（六）脱欧难以动摇伦敦全球外汇交易中心地位 41
（七）《中国外汇市场准则》正式发布，促进外汇市场规范发展 43
（八）收购盛宝银行30%股份，吉利集团进军外汇行业 44
（九）两会提案——黄泽民：外汇保证金交易应"阳光化" 46
（十）公安部外管局严打地下钱庄等违法犯罪活动，整顿外汇管理秩序 48
（十一）陆金所控股与e投睿eToro签订战略合作意向协议 50
（十二）比特币：监管风暴VS业界追捧 51

（十三）2016—2017期间金融活动总数量翻番，上海仍高居榜首 54

第4部分 金融监管研究

（一）美国全国期货协会（NFA） 56
  NFA的会员类型 57
  （1）商品池子运营商（CPO） 57
  （2）商品交易顾问（CTA） 58
  （3）期货佣金商（FCM） 59
  （4）外汇交易商会员（FDM） 61
  （5）介绍经纪商（IB） 62
（二）英国金融行为监管局（FCA） 64
  1. 怎么认证 65
  2. FCA会员费用 65
  3. FCA对持有客户资产公司的管理 67
  4. 常见FCA牌照类型 68
  5. 赔偿机制 70
  6. 关于MiFID Ⅱ 70
（三）澳大利亚证券投资委员会（ASIC） 72
  1. ASIC金融服务牌照（AFSL） 72
  2. AFSL牌照的申请条件 74
  3. ASIC收费模式 75
  4. ASIC争议解决及赔偿机制 78

第5部分 境外主要外汇经纪商运营数据及动态

（一）过去一年美国各大经纪商财务数据 80

（二）上市外汇经纪商知多少：欧、美、日三分天下，中国凤毛麟角 84

第6部分　国际外汇市场综述

（一）浅析2017年美元指数 88
（二）欧元——护航欧元区经济的稳定，超级马里奥殚精竭虑 92
（三）日元——经济面与货币政策的分化，美元/日元中长期看多 95
（四）英镑——脱欧如预期般拖累英镑/美元走势？ 98
（五）澳元——在"被加息"中强势上涨 101
（六）加元——加央行七年来首度加息，加元开启上涨模式 104

第7部分　人 民 币

（一）人民币走势综述 108
（二）人民币后市如何走？ 111
　　1. 官方态度：保持稳定和相对强势，料呈现双向振荡 111
　　2. 机构观点：已无持续贬值基础，上调人民币汇率预估 114
（三）人民币国际化 115
　　1. 人民币国际化总体进展情况 115
　　2. 人民币国际化大事记（2015—2017） 116

第8部分　专题研究

中国及世界经济形势与人民币总体走势 .... 逯　建　124
离岸人民币国际化业务发展现状、问题与趋势 .... 肖立晟　126

银行间外汇市场发展及变化 .... 金 颖 汪贵浦 132
量化交易及策略之我观 .... 许亚鑫 136
区块链——金融市场的革新技术 .... 姒元忠 138

第9部分 附 录

（一）特别鸣谢为本蓝皮书撰写提供支持的机构（按首字母排序）......................... 142
（二）外汇经纪商名录 143

第1部分

综 述

（一）2017年中国外汇市场发展概述

1. 政策监管

为加强外汇管理,促进国际收支平衡,促进国民经济健康发展,国家外汇管理局及中国外汇交易中心先后推出各项外汇管理法规、条例和指南,以完善相关法律体系的建设。其中2016年1月至2017年9月推出的相关政策法规见表1:

表1　2016—2017年中国推出的外汇相关政策法规目录
（截至2017年9月底）

推出时间	法规名称
2016年1月14日	国家外汇管理局关于印发《贸易信贷调查制度》的通知
2016年2月4日	国家外汇管理局关于《合格境外机构投资者境内证券投资外汇管理规定》的公告
2016年3月10日	国家外汇管理局综合司关于印发《银行执行外汇管理规定情况考核内容及评分标准（2016年）》的通知
2016年3月29日	国家外汇管理局关于印发《通过银行进行国际收支统计申报业务指引（2016年版）》的通知
2016年4月29日	国家外汇管理局关于进一步促进贸易投资便利化完善真实性审核的通知
2016年5月26日	国家外汇管理局关于印发《外币代兑机构和自助兑换机业务管理规定》的通知
2016年5月27日	国家外汇管理局关于境外机构投资者投资银行间债券市场有关外汇管理问题的通知

(续表)

推出时间	法规名称
2016年5月31日	国家外汇管理局关于宣布废止失效14件和修改1件外汇管理规范性文件的通知
2016年6月15日	国家外汇管理局关于改革和规范资本项目结汇管理政策的通知
2016年9月5日	中国人民银行、国家外汇管理局关于人民币合格境外机构投资者境内证券投资管理有关问题的通知
2016年9月28日	国家外汇管理局关于规范货物贸易外汇收支电子单证审核的通知
2016年11月4日	国家外汇管理局关于公布废止和失效27件外汇管理规范性文件的通知
2016年12月30日	中国人民银行等十四部门发布《关于促进银行卡清算市场健康发展的意见》
2017年1月13日	国家外汇管理局关于美国银行有限公司中国区分行为境内个人参与境外上市公司股权激励计划境内代理机构开立结汇待支付专用账户的批复
2017年1月20日	国家外汇管理局综合司关于调整银行结售汇统计报表有关问题的通知
2017年1月26日	国家外汇管理局关于进一步推进外汇管理改革完善真实合规性审核的通知
2017年2月27日	国家外汇管理局关于银行间债券市场境外机构投资者外汇风险管理有关问题的通知
2017年3月1日	国家外汇管理局综合司关于印发《银行执行外汇管理规定情况考核内容及评分标准（2017年）》的通知
2017年4月4日	国家外汇管理局关于便利银行开展贸易单证审核有关工作的通知
2017年5月4日	国家外汇管理局综合司关于印发《国家外汇管理局2017年政务公开工作要点及任务分工》的通知
2017年6月2日	国家外汇管理局关于金融机构报送银行卡境外交易信息的通知
2017年8月13日	国家外汇管理局综合司关于银行卡境外交易外汇管理系统上线有关工作的通知
2017年8月18日	国务院办公厅转发《关于进一步引导和规范境外投资方向的指导意见》

来源：国家外汇管理局网站。

2. 银行间外汇交易

银行间外汇市场是指经国家外汇管理局批准可以经营外汇业务的境内金融机构（包括银行、非银行金融机构和外资金融机构）之间通过中国外汇交易中心进行人民币与外币之间的交易的市场。银行间外汇市场正处于逐步发展与完善中。

中国人民银行在《关于加快发展外汇市场有关问题的通知》中指出，扩大市场参与主体、增加市场交易品种和丰富市场交易模式，是完善人民币汇率形成机制的重要举措，有利于充分发挥银行间外汇市场在资源配置中的基础性作用。中国人民银行在进一步加快银行间外汇市场发展的同时,将加强对银行间外汇市场的监督和管理,确保市场平稳有序运行,保持人民币汇率在合理、均衡水平上的基本稳定。

近年来,银行间外汇市场可交易的货币种类越来越多,参与交易的主体范围也逐步扩大。2015年11月25日,以及2016年1月12日,先后两批境外央行类机构在中国外汇交易中心完成备案,正式进入中国银行间外汇市场。在此之后,2017年中国银行间外汇市场会员的境外央行类机构继续增加。

人民币国际化近几年取得了显著的成果,包括"一带一路"战略的实施、人民币加入SDR货币篮子及境内银行间债券市场和外汇市场的逐步开放等,且随着更多类型和数量的市场参与者加入进来,形成多元化的交易需求,将带动整个银行间市场的交易更加活跃。

根据中国外汇交易中心发布的数据,在中国银行间外汇市场上,过去一年的外汇货币对交易中,交易量较高的货币对有欧元兑美元、美元兑港币、美元兑日元和澳元兑美元,而占比最高的依然是欧元兑美元交易。从2017年9月的最新数据来看,澳元/美元的交易量大幅攀升,而且过去一年以来上升的势头非常显著。

根据中国外汇交易中心的数据,过去一年以来,美元兑人民币掉期交易总量大幅攀升,美元兑人民币远期交易总量也在持续走高,表明经过了2015年的"8·11"汇改,以及2016年10月1日人民币正式加入SDR货币篮子等里程碑式的事件之后,人民币国际化风起云涌之际,人民币汇率加剧波动,银行间外汇交易交投相当活跃。

2017年8月,人民币大幅升值,对美元汇率单月升值幅度近2%,这是从2005年人民币汇率机制改革以来,人民币对美元单月升值幅度最大的纪录。据中国外汇交易中心的数据,美元兑人民币掉期以及远期的交易量也是异常的活跃。

（二）中国外汇市场发展大事记（2017年）

■ 2017年2月17日，汤森路透（Thomson Reuters）与中国工商银行（ICBC）合作，在人民币市场流动性环境变更上迈出重大一步，其承诺将大幅促进人民币交易。工行将成为中国首家通过FXall及Electronic Trading向市场持续提供人民币报价的银行。这两个外汇交易平台均属汤森路透所有。

■ 2017年5月5日，丹麦盛宝银行宣布，中国吉利集团通过收购该银行创始人及一些小股东的股份，有望在盛宝集团持股达30%左右。盛宝银行在声明中说，公司创始人之一的拉尔斯·克里斯蒂安森收到收购要约，同意将其持有的全部25.71%股份出售给中国吉利集团。此外，吉利还将收购该银行其他小股东股份。目前，此项收购还在等待监管审核结果，如获批准，财务交割有望于2017年第四季度完成。

■ 2017年6月7日，香港交易及结算所（港交所）公布三项提升人民币期货产品交易安排，包括自2017年7月10日起延长人民币期货交易时间以及增加第二级庄家。港交所将延长人民币期货日间交易时段30分钟，开市时间由上午9时提早至8时30分；收市后交易时段亦延长1小时15分钟，收市时间将由晚上11时45分延至凌晨1时正。

■ 2017年6月20日，中国央行行长周小川宣布，为了进一步推进上海国际金融中心的建设，近期人民币跨境支付系统CIPS将落户上海，以更好地为人民币国际化和"一带一路"建设服务。

■ 2017年7月10日，一个名为IGOFX的外汇交易平台被媒体曝光，其打着"躺着赚美金"的口号，短短半年招收了40万名会员，近期突然宣布崩盘，卷走约300亿元人民币。

■ 2017年7月18日，有投资者在微信公众号后台曝光了一家名为ItraderFX的炒汇传销平台，号称炒汇收益率高达30%。不幸的是，该平台日前突然关闭，导致山东一城市300多名投资者损失300多万元，投资者已报警。

■ 2017年8月10日，中国外汇交易中心发布公告称，将于2017年8月11日起开展人民币对蒙古图格里克银行间市场区域交易。人民币对蒙古图格里克银行间市场区域交易暂不收取交易手续费。

■ 2017年9月11日，中国央行明确表示，已将外汇风险准备金征收比例降为零，并取消对境外金融机构境内存放准备金的穿透式管理。

注：中国外汇市场发展大事记历史数据请查阅FX168历年蓝皮书。

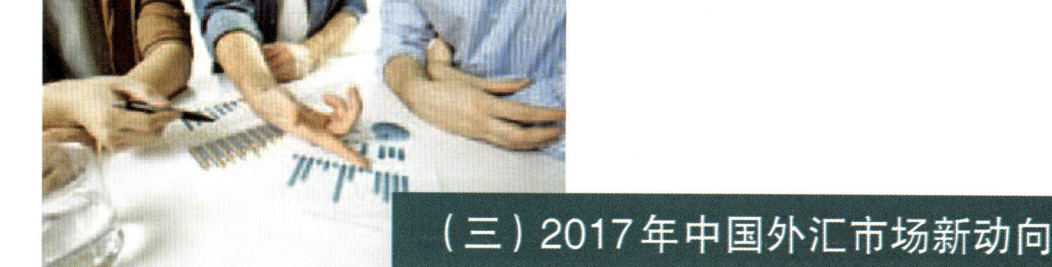

（三）2017年中国外汇市场新动向

2017年中国外汇市场稳健发展：香港与内地债券市场互联互通、银行间外汇市场持续开放、中国外汇市场监管进一步加强；外汇市场进一步开放和透明，外汇市场参与者类型得到扩大，外汇衍生产品工具更加丰富，交易、清算、信息等基础设施愈发完善，从而提升了中国外汇市场的深度和广度。

1. 又一里程碑事件！香港与内地债券市场互联互通上线

为促进香港与内地债券市场共同发展，中国人民银行、香港金融管理局决定批准中国外汇交易中心暨全国银行间同业拆借中心、中央国债登记结算有限责任公司、银行间市场清算所股份有限公司和香港交易及结算有限公司、香港债务工具中央结算系统（以下统称两地基础设施机构）香港与内地债券市场互联互通合作上线（以下简称"债券通"）。其中，"北向通"于2017年7月3日上线试运行。

除此之外，据中国外汇交易中心（China Foreign Exchange Trade System）主办的中国货币网于2016年11月8日发布的公告，有更多海外投资者获准投资中国内地债券市场。这些得到批准的公司包括斯洛伐克国家银行（National Bank of Slovakia）、麦格理银行有限公司（Macquarie Bank Ltd.）新加坡分公司和全球最大对冲基金桥水（Bridgewater Associates）等。根据这份日期为2016年11月8日的公告，外汇交易中心已完成这些机构进入中国银行间债市交易的相关工作。

2016年早些时候，中国进一步向境外投资者打开了银行间债市的大门，继合格境外机构投资者（QFII）、人民币合格境外机构投资者（RQFII）和香港点心债之后，为海外投资者交易内地债券提供了新的渠道。

2. 中国银行间外汇市场会员的"朋友圈"继续扩大

2017年7月26日，中国外汇交易中心发布公告称，批准土耳其中央银行自7月27日起成为银行间外汇市场会员，可从事即期交易。

2016年1月中国银行间外汇市场在放开境外央行类机构和人民币清算行入市的基础上，进一步加大对境外交易主体的开放力度，允许符合条件的人民币购售业务境外参加行入市，参与境内银行间外汇即期、远期、掉期、货币掉期及期权交易。此外，2016年9月，银行间外币拆借业务开始引入符合条件的境外机构。

中国银行间外汇市场的各个子市场、各类产品都已向境外机构开放。截至2016年末，已有59家境外主体成为银行间外汇市场会员，占会员总数的10%。其中，境外央行类机构在银行间外汇市场的交易不受交易额度、交易品种、交易方式、清算方式等限制。

3. 中国外管局通报外汇违规案例，单笔最高罚款近2 300万元

中国国家外汇管理局于2017年5月26日对外通报一批企业、个人外汇违规案例，主要涉及企业利用虚假贸易合同，重复使用报关单、发票等；个人利用多个境内账户进行逃汇、套汇等行为；涉及币种包括美元、人民币、港元、澳元等。

外管局网站公布的通报显示，其中最大单笔涉案金额高达1.19亿美元，外管局对其开出2 281万元人民币的行政处罚。外管局并表示，将加强外汇市场监管，依法严厉查处各类外汇违法违规行为，维护健康良性外汇市场秩序。其中，宁波大程国际贸易有限公司在2015年"8·11汇改"后采取虚构贸易合同方式多次非法转移资金累计金额达1.19亿美元，严重干扰了外汇市场秩序，外管局对其开出2 281万元的行政罚单。

另外，上海大新华物流控股（集团）有限公司、杭州值遇信息技术有限公司分别采取伪造发票、重复使用合同等非法向境外转移资金，外管局分别向这两家公司开出2 075万、1 000万元人民币的行政处罚。此次外管局对个人逃汇也给出了15万至100万元不等的行政处罚。

中国外管局综合司司长徐卫刚撰文称，外汇管理将继续有序推进重点领域改革，做好与市场的沟通，进一步提升贸易投资便利化水平；同时，加强跨境资金流动监测预警，支持银行完善展业自律机制并严格履行真实性、合规性等展业要求和责任，保持对外汇违法违规行为的高压打击态势。

第1部分 综 述

4. 中国银行间市场举行首轮外汇期权冲销,规模逾40亿美元

2017年5月26日,中国外汇交易中心称,成功举行中国银行间市场首轮外汇期权冲销,提前终止期权合约114笔,共计40.63亿美元。目前交易中心冲销业务已覆盖利率互换、外汇掉期、外汇期权等本外币衍生品。刊登在外汇交易中心网站的新闻稿并称,这是中国银行间市场首次开展期权类衍生品冲销业务,对完善市场设施建设、降低市场整体信用风险具有重要意义。截至2017年5月,交易中心的冲销业务已覆盖利率互换、外汇掉期、外汇期权等本外币衍生品。

本轮外汇期权冲销共13家机构参与,分别为:中国银行、中国建设银行、交通银行、中信银行、招商银行、平安银行、兴业银行、中国民生银行、上海浦东发展银行、浙商银行、花旗银行、汇丰银行、星展银行。

2017年4月26日,中国外汇交易中心发布通知称,为促进我国银行间外汇期权市场发展,降低市场整体信用风险,经国家外汇管理局批准,中国外汇交易中心将在银行间市场开展外汇期权交易冲销业务。根据通知,外汇期权冲销业务参与机构暂定为银行间市场人民币外汇期权会员。交易双方自行开展外汇期权冲销业务的,应于冲销日当日将冲销结果等信息向交易中心报备。

5. 中国外汇交易中心将升级交易平台,新增CDS市场

中国银行间市场监管机构——中国外汇交易中心(China Foreign Exchange Trade System)2016年11月17日表示,将升级其交易平台,以支持信用违约互换(CDS)交易。此前的10月中国外汇交易中心启动了银行间的CDS交易。

中国外汇交易中心表示,如果信用事件发生,CDS信用保护买方可从信用保护卖方获得CDS交易本金的75%。业内人士指出,该平台将有助于提振CDS市场的发展;在2016年至少有21起境内债券违约之后,投资者对对冲信用风险工具的需求上升。2015年仅有7起境内债券违约。

6. 中国央行:已将外汇风险准备金征收比例降为零

中国央行9月11日明确表示,已将外汇风险准备金征收比例降为零,并取消对境外金融机构境内存放准备金的穿透式管理。这两项政策都是在前两年人民币汇率出现波动、资本流动呈现一定顺周期性的背景下出台的宏观审慎管理措施,考虑到当前市场环境已发生较大变化,上述两项政策有必要进行调整。中国人民银行金融研究所所长孙国峰说,2017年以来,随着供给侧结构性改革、简政放权、创新驱动战略等深化实施,中国经济结构加快调整,发展新动能增强,经济增长的稳定性、协调性进一步增强。同时,国际市场美元对主要货币持续走弱。

孙国峰说："汇率根本上是由经济基本面决定的，短期可能受部分因素扰动从而与基本面有所偏离，但最终还是会回归经济基本面。今年以来人民币对美元汇率整体呈现升值态势，对一篮子货币基本稳定，这主要是中国经济持续向好等基本面因素在汇率上的反映。"

他认为，当前，无论是学界还是业界都普遍认为人民币汇率已比较充分地反映了经济基本面，汇率总体处于合理均衡的水平。在人民币汇率水平趋于均衡的同时，市场预期趋于理性，跨境资本流动和外汇供求都更加平衡。

"在市场环境已转向中性的情况下，有必要调整前期为抑制外汇市场顺周期波动而出台的逆周期宏观审慎管理措施，也相应回归中性，以强化外汇市场价格发现功能，提高市场流动性，更好地服务于实体经济，促进经济持续、协调、平稳发展。"孙国峰说。

第2部分
国内零售外汇市场投资者结构及行为分析

为全面了解和分析中国零售外汇市场投资者结构及行为，FX168财经集团每年通过不同形式收集数据，以此对行业做进一步深入研究，并借此探索行业发展的方向。2017年我们首次引入"FX168盒子"的数据对投资者行为进行分析。同时2017年我们继续将FX168"投资英雄"年度运行数据纳入进行分析，继续通过网上公开问卷调查方式回收投资者投资数据。和往年一样，我们仍旧选择对在中国市场活跃且有代表性的近百家经纪商进行定向问卷调查。在此特别感谢各大机构对FX168蓝皮书的大力支持。

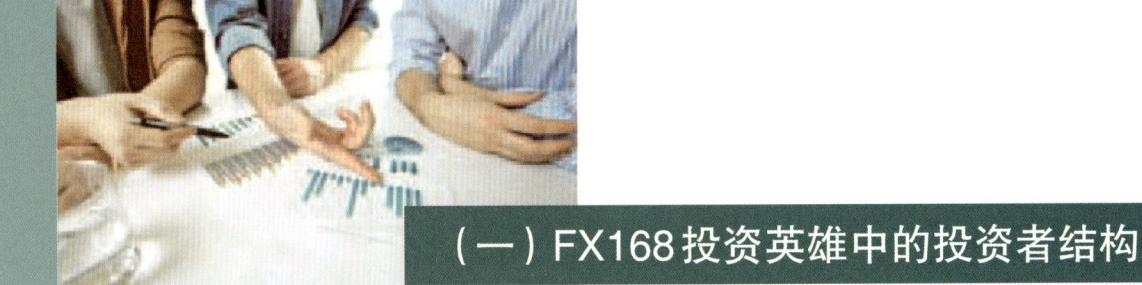

（一）FX168投资英雄中的投资者结构

1. 男性投资者远远高于女性投资者

FX168投资英雄的数据显示，69.22%的外汇投资者为男性，30.78%的投资者为女性，男性占比远远超过女性。说明在外汇交易领域目前还是以男性投资者为主。

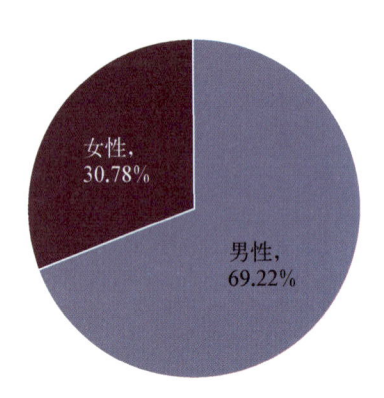

图1 投资者性别分布

2. 35～54岁投资者投资需求最为强烈，25～34岁的投资者占比大幅增长

数据显示，年龄在35～44岁和45～54岁的投资者占比最高，合计占比达到61.00%，显示处于就业及创业关键年龄段的人们投资需求更为强烈。25～34岁之间的投资者占比也非常高，达到22%。

25岁以下和55～64岁以上年龄段的投资者数量占比相对较低，分别为6%和8%，65岁以上的投资者占比3%。总体上，55岁以上投资者的占比较之前两年的15%和5.2%而言，仍在上升,老年人的投资需求不应忽视,正确、合理利用闲散资金进行适当投资,既丰富了老年人的生活,也为闲散资金增值创造了可能。投资者年龄分布见图2。

3. 经济发达地区投资者居多,湖北地区连续两年蝉联冠军

数据显示,外汇投资者占比上中部湖北异军突起,占比突出,单个省份占比超过五分之一,达到23%,显示该区域的金融投资非常活跃。其他交易者比较集中的地方还是传统的北上广深以及浙江、福建等比较发达的地区。内陆省份中交易者占比比较突出的还有河南和四川(见图3)。

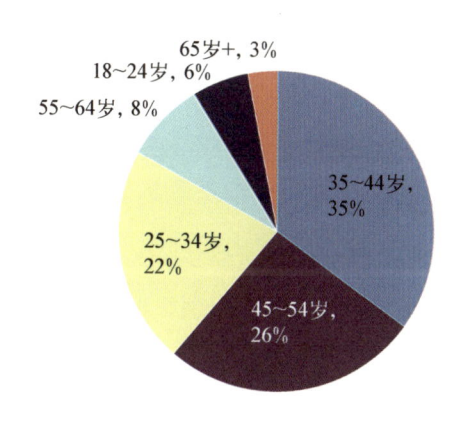

图2 投资者年龄分布

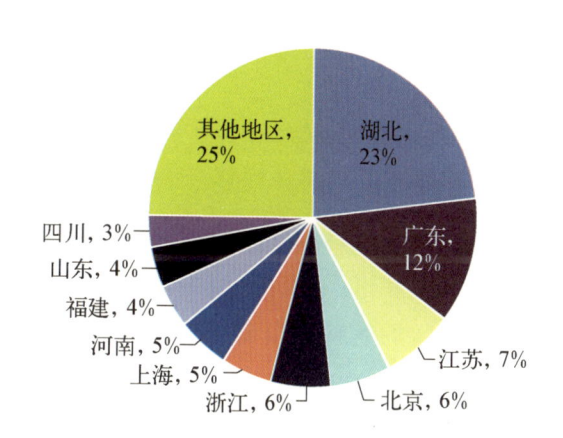

图3 投资者地区分布

4. 欧洲时段超越北美成交易最活跃时段

数据显示,亚洲、欧洲和北美三个交易时段交易数据占比较为平均,原来相对比较清淡的亚洲盘交易占比达到39%,与欧洲盘旗鼓相当,一方面是在中国因素作用下亚洲时段的活跃性上升,交易机会越来越多,另一方面我们认为,中国地区围绕外汇投资的各类服务及活动日益增多也是亚洲时段交易愈发活跃的重要因素(见图4)。

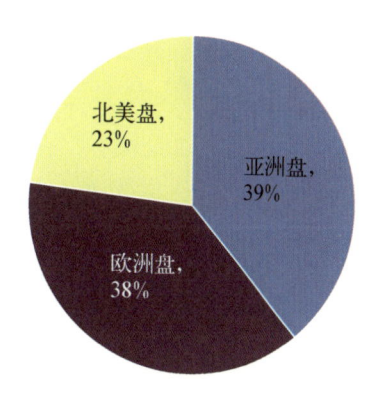

图4 交易时间段分布

5. 英镑/美元连续第二年交易量高居榜首

投资英雄平台上的交易数据显示,英镑/美元占比异常突出,达到71%,英国脱欧引发市场震动的同时也带来了巨大的交易机会,英镑/美元在过去12个月中放量可见一斑。这已经是英镑/美元连续第二年高居榜首,上一年度占比是60%。而在2015年还排在第一位的欧元/美元在本年度已经落到第四位,占比6%。交易品种分布见图5。

13

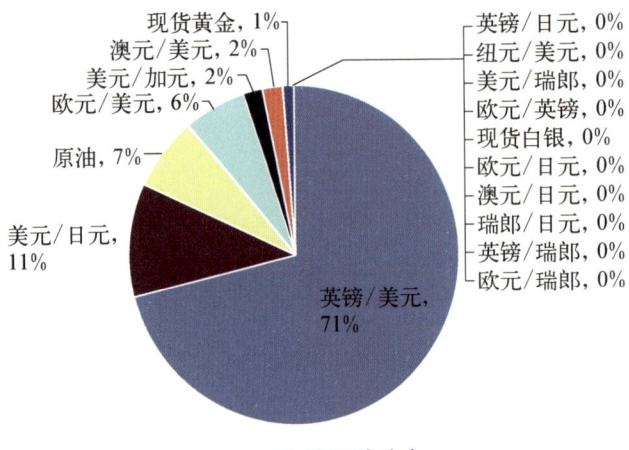

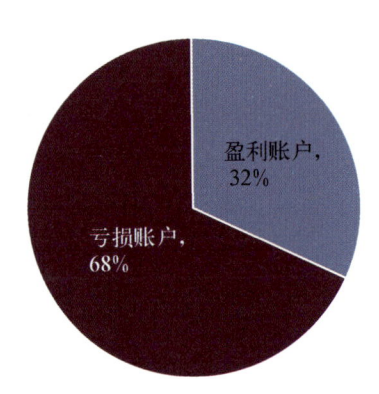

图5 交易品种分布　　　　　图6 培训投资者盈亏分布

6. 盈亏比三七开,系统性培训可助投资者减少亏损

投资英雄平台的数据显示,68%的投资者亏损,32%的投资者是盈利的,这一结果继续好于一般的二八定律,这跟投资英雄是投资者交易能力的量化和评价平台不无关系。投资英雄引导用户进行实战训练,帮助用户培养交易习惯,构建交易系统为目标。平台上有约10%的活跃投资者接受过FX168财经学院的系统性培训。这一结果也再一次说明,系统性培训是可以帮助投资者减少或避免亏损的。

（二）交易数据中的投资者行为分析（数据来自FX168盒子）

FX168盒子是一款嫁接在FX168投资英雄上的,运用人工智能技术、大数据分析和量化方法研发的,拥有全市场扫描、交易绩效评估、交易行为诊断和智能投顾四大功能模块的金融科技产品。

本次蓝皮书中我们首次引入FX168盒子的数据,通过分析我们看到,在2016年9月1日至2017年8月31日共计261个交易日期间,主要货币对平均振幅14.18%,财经数据利多利空数据相当,消息面上利多远多于利空,有意思的是,此种情况下投资英雄中的投资者所有交易中的空单还略多于多单。

FX168盒子运行时间还不长,目前仅有一些初步的分析数据,随着产品自身的迭代升级和更多投资者的参与,其参考性和对投资者在投资上的帮助将会不断增强。

1. 市场行情整体状况：主要货币对平均振幅14.18%

在2016年9月1日到2017年8月31日期间,时间上共跨越365日,261个交易日。主要外汇交易品种平均振幅为14.18%,最小振幅的品种为欧元/瑞郎,振幅为8.52%。具体情况如表1和表2所示：

表1 主要外汇货币对整体波动状况

起始时间	2016年9月1日
结束时间	2017年8月31日
自然日	365
交易日	261
平均震荡幅度	14.18%
最大振幅品种及幅度	英镑/日元（19.06%）
最小振幅品种及幅度	欧元/瑞郎（8.52%）

表2 主要外汇货币对具体波动情况

品种	震荡幅度	涨跌幅度	开盘价	收盘价	最高价	最低价	点数	阴线	阳线
英镑/美元	15.41%	−1.52%	1.314 0	1.293 0	1.344 5	1.165 0	200	124	136
美元/日元	18.57%	6.34%	103.43	109.98	118.67	100.08	626	134	127
欧元/美元	16.74%	6.75%	1.115 7	1.190 9	1.207 1	1.034 0	753	131	127
美元/加元	11.12%	−4.75%	1.310 7	1.248 3	1.379 4	1.241 4	622	126	131
澳元/美元	12.78%	5.65%	0.751 7	0.794 5	0.806 6	0.715 2	425	118	140
英镑/日元	19.06%	4.72%	135.90	142.20	148.46	124.69	641	120	141
纽元/美元	10.85%	−1.05%	0.724 8	0.717 8	0.755 8	0.681 8	76	129	129
美元/瑞郎	9.62%	−2.54%	0.983 7	0.958 7	1.033 5	0.942 8	250	122	136
欧元/英镑	12.05%	8.40%	0.849 2	0.921 0	0.930 6	0.830 5	714	124	130
欧元/日元	17.51%	13.52%	115.41	130.97	131.71	112.08	1 560	122	139
澳元/日元	17.70%	12.37%	77.76	89.42	89.42	75.97	962	118	143
英镑/瑞郎	14.42%	−4.03%	1.292 7	1.239 6	1.312 2	1.146 8	521	140	118
欧元/瑞郎	8.52%	4.04%	1.097 5	1.141 8	1.153 8	1.063 2	443	124	133

2. 市场财经数据整体状况：利多利空数据量相当

在2016年9月1日到2017年8月31日期间，市场财经数据不断，从FX168盒子的数据可以看出，在此期间每个品种都有大量利多利空数据，全部重要数据共27 693条，其中利多数据12 646条，利空数据12 274。详细数据情况见表3和表4：

表3 利多、利空数据整体状况

起始时间	2016年9月1日
结束时间	2017年8月31日
整体数据数	27 693
利多数据	12 646
利空数据	12 274

表4 主要外汇货币对利多、利空数据具体情况

品种名称	数据总数	利多数据	利空数据	利多占比	利空占比
英镑/美元	2 244	988	1 095	44.03%	48.80%
美元/日元	1 940	928	876	47.84%	45.15%
欧元/美元	3 093	1 431	1 270	46.27%	41.06%
美元/加元	1 877	910	850	48.48%	45.29%
澳元/美元	1 621	703	804	43.37%	49.60%
现货黄金	1 403	602	714	42.91%	50.89%
英镑/日元	1 378	600	655	43.54%	47.53%
纽元/美元	1 578	689	784	43.66%	49.68%
美元/瑞郎	1 583	778	690	49.15%	43.59%
欧元/英镑	2 531	1 210	942	47.81%	37.22%
现货白银	1 403	602	714	42.91%	50.89%
欧元/日元	2 227	1 043	830	46.83%	37.27%
澳元/日元	755	315	364	41.72%	48.21%
瑞郎/日元	717	302	338	42.12%	47.14%
英镑/瑞郎	1 021	450	469	44.07%	45.94%
欧元/瑞郎	1 870	893	644	47.75%	34.44%

3. 市场信息分析整体状况：欧元/美元分析信息最多

在2016年9月1日到2017年8月31日期间，FX168发布的市场财经信息中有大量的机构和分析师对交易品种进行多角度分析，其中最受机构和分析师青睐、获得最多分析的交易品种是欧元/美元，共收到774条分析，看多472，看空228，利多占比为60.98%，利空占比为29.46%。详细品种分析状况如表5、表6所示：

表5 市场信息整体状况

起始时间	2016年9月1日
结束时间	2017年8月31日
整体数据数	3 733
利多数据	1 859
利空数据	1 342

表6 主要外汇货币对利多、利空信息状况

品种名称	信息总数	利 多	利 空	利多占比	利空占比
英镑/美元	530	193	233	36.42%	43.96%
美元/日元	663	307	266	46.30%	40.12%
欧元/美元	774	472	228	60.98%	29.46%
美元/加元	86	38	47	44.19%	54.65%
澳元/美元	280	105	123	37.50%	43.93%
英镑/日元	6	2	4	33.33%	66.67%
纽元/美元	85	28	21	32.94%	24.71%
美元/瑞郎	66	27	19	40.91%	28.79%
欧元/英镑	37	28	8	75.68%	21.62%
欧元/日元	32	27	5	84.38%	15.63%
澳元/日元	15	12	3	80.00%	20.00%
英镑/瑞郎	1	1	0	100.00%	0.00%
欧元/瑞郎	22	18	4	81.82%	18.18%

4. 市场交易账户整体状况：空单略多于多单

在2016年9月1日到2017年8月31日期间，所有外汇货币对的交易中做多占比46.71%，做空占比53.29%，空单略多于多单。详细数据如表7、表8所示：

表7 交易账户整体状况

起始时间	2016年9月1日
结束时间	2017年8月31日
全部做多占比	46.71%
全部做空占比	53.29%

表8 主要外汇货币对做多、做空占比状况

品种名称	做多占比	做空占比
英镑/美元	53.42%	46.58%
美元/日元	20.53%	79.47%
欧元/美元	61.58%	38.42%
美元/加元	39.95%	60.05%
澳元/美元	0.34%	99.66%
英镑/日元	47.23%	52.77%
纽元/美元	88.55%	11.45%
美元/瑞郎	1.31%	98.69%
欧元/英镑	22.99%	77.01%
欧元/日元	46.04%	53.96%
澳元/日元	55.16%	44.84%
瑞郎/日元	60.20%	39.80%
英镑/瑞郎	89.90%	10.10%
欧元/瑞郎	66.70%	33.30%

（三）经纪商平台定向调查结果

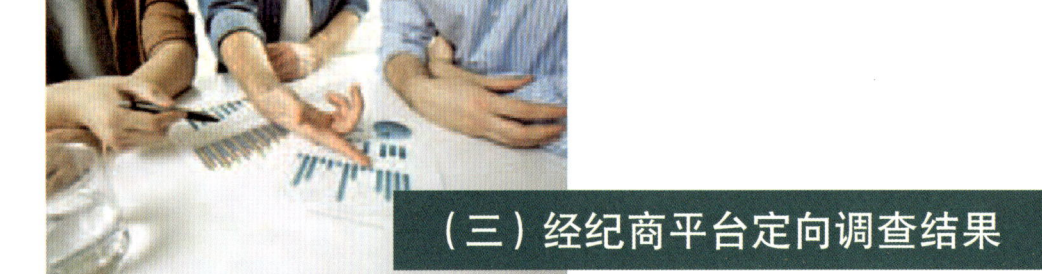

回顾过去的一年，各家经纪商取得了怎样的成绩？相较上一年度，各项指标又出现了怎样的变化？对此，FX168财经集团针对所有在华开展业务的经纪商进行了一项平台情况调研，就2016年8月至2017年7月期间的业务发展以及来年的规划等方面进行了调查。我们也十分感谢参与的近百家平台，为该部分的调研结果提供了非常重要和有价值的数据。

1. 账户数、交易量、新客户开发量三头并进

调研结果显示，相比较上一年度的运营情况，超过八成的外汇经纪商在账户数量上增长幅度录得了20%以上的增长，而在客户交易量方面，近九成的外汇经纪商表示，客户交易量增幅超过10%，更有逾四成的受访经纪商表示交易量录得了大幅增长，增幅超过50%。

接近九成的外汇经纪商表示，2017年的新客户开发增幅超过10%，而接近五成的经纪商的新客户开发增幅超过了30%。

从调研结果来看，无论是从账户数还是交易量，抑或是新客户开发量来看，2017年整个行业增长幅度非常向好。

但是，与上一年度的数据比较，选择第一档增幅的经纪商占比普遍下滑。以客户交易量变动情况为例，上一年度曾有七成的经纪商表示其增幅在20%以上。

相关结果如图7、图8、图9所示。

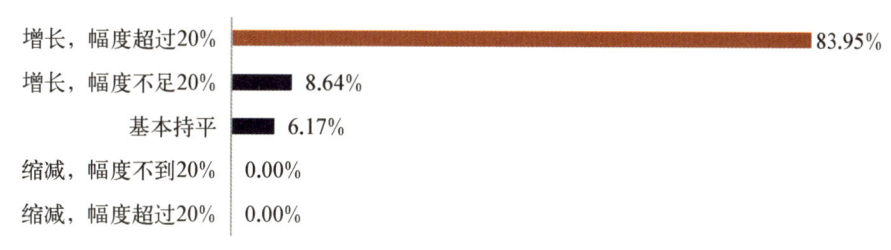

第2部分　国内零售外汇市场投资者结构及行为分析

增长，幅度超过20%　83.95%
增长，幅度不足20%　8.64%
基本持平　6.17%
缩减，幅度不到20%　0.00%
缩减，幅度超过20%　0.00%

图7　交易账户变化情况

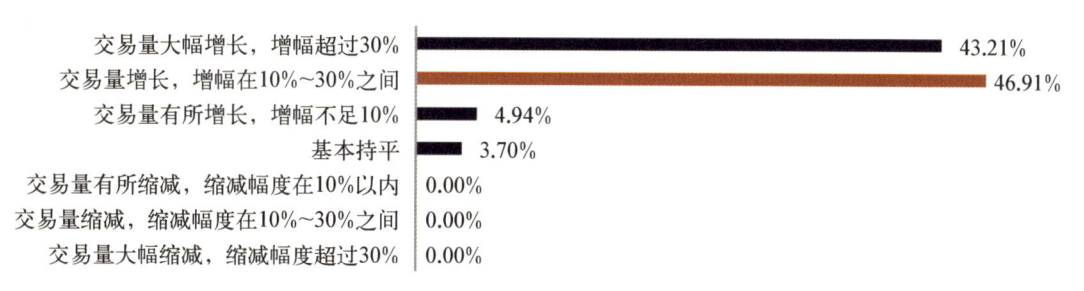

交易量大幅增长，增幅超过30%　43.21%
交易量增长，增幅在10%~30%之间　46.91%
交易量有所增长，增幅不足10%　4.94%
基本持平　3.70%
交易量有所缩减，缩减幅度在10%以内　0.00%
交易量缩减，缩减幅度在10%~30%之间　0.00%
交易量大幅缩减，缩减幅度超过30%　0.00%

图8　客户交易量变化情况

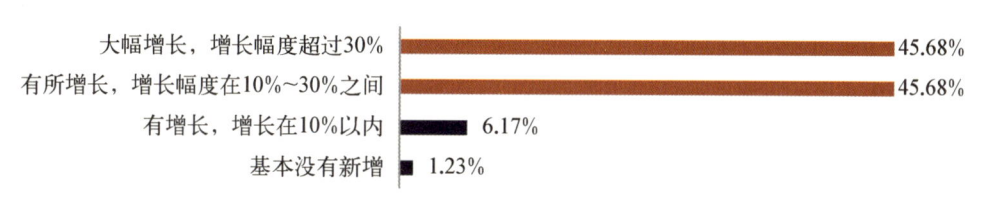

大幅增长，增长幅度超过30%　45.68%
有所增长，增长幅度在10%~30%之间　45.68%
有增长，增长在10%以内　6.17%
基本没有新增　1.23%

图9　新客户开发量变化情况

2. 中国区运营情况：业务占比不容小觑

超过三成的外汇经纪商表示，他们平台上中国区客户的月入金量大概在500万~1 000万美元之间，而入金量在100万~500万美元和1 000万~2 000万美元的占比都是两成左右（见图10）。

月均交易量方面，25.93%的外汇经纪商表示中国区的月均交易量达到了100亿~500亿美元之间，24.69%的外汇经纪商表示交易量在100亿美元以内（见图11）。

而对于大家都在抢占的中国市场，在各家经纪商的全球业务中占比又到了何种程度呢？数据显示，40.74%的经纪商表示集团三成以上的业务是来自中国市场，比例不容小觑，只有少数几家经纪商指出，中国的业务占比不到一成（见图12）。

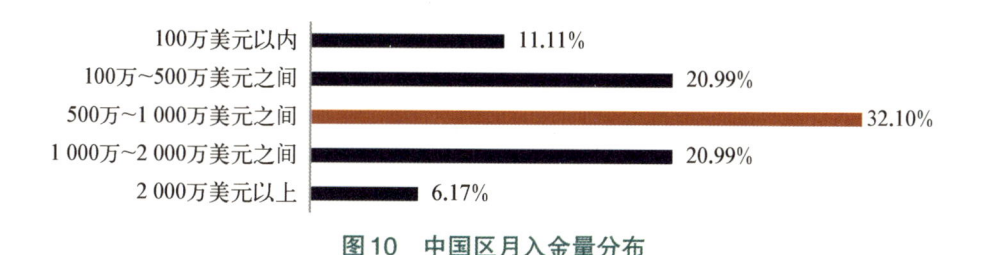

100万美元以内　11.11%
100万~500万美元之间　20.99%
500万~1 000万美元之间　32.10%
1 000万~2 000万美元之间　20.99%
2 000万美元以上　6.17%

图10　中国区月入金量分布

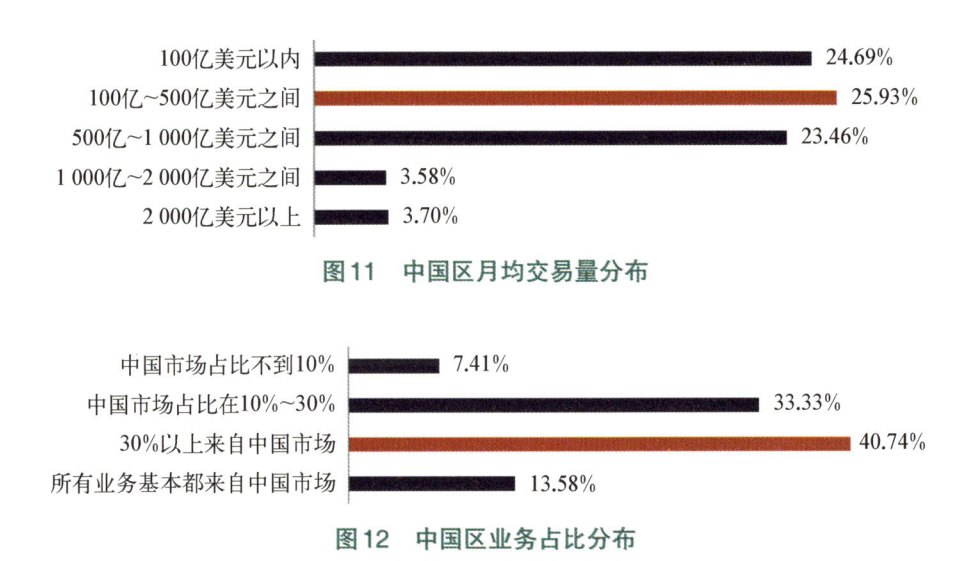

100亿美元以内	24.69%
100亿~500亿美元之间	25.93%
500亿~1 000亿美元之间	23.46%
1 000亿~2 000亿美元之间	3.58%
2 000亿美元以上	3.70%

图11　中国区月均交易量分布

中国市场占比不到10%	7.41%
中国市场占比在10%~30%	33.33%
30%以上来自中国市场	40.74%
所有业务基本都来自中国市场	13.58%

图12　中国区业务占比分布

3. 客户指标：首次入金档次较为平均，基本是活跃用户

根据调查，超过三成的经纪商表示，其客户的首次入金量平均在5 000美元左右，首次入金平均在2 000美元左右的也不少，占比达到了27.16%。比较大额的入金（10 000美元以上）的占比也有约24%，各个档次的入金数没有特别大的悬殊和差异（见图13）。

调查还显示，几乎所有的经纪商都表示其平台客户活跃率达到了50%以上，更有29.63%的经纪商表示平台上超过八成的客户交投都比较活跃（见图14）。

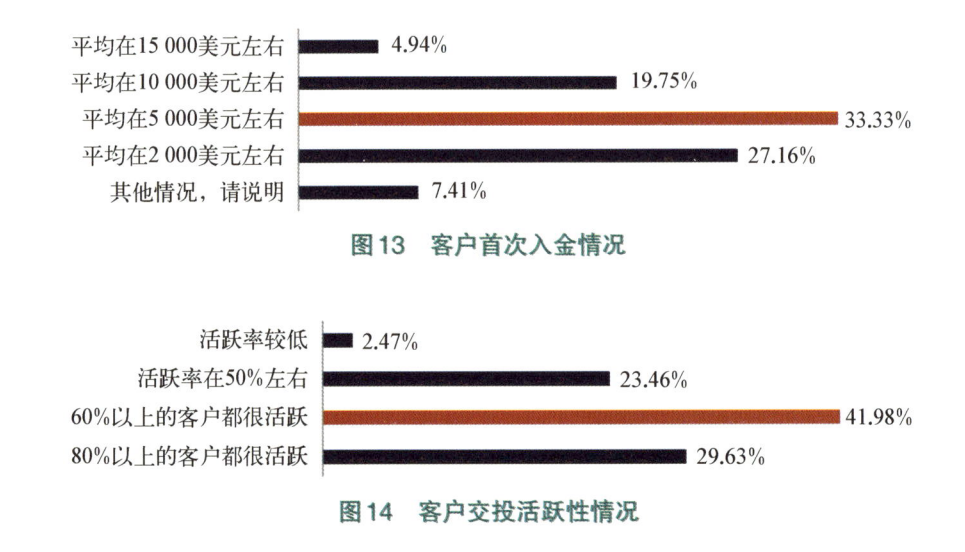

平均在15 000美元左右	4.94%
平均在10 000美元左右	19.75%
平均在5 000美元左右	33.33%
平均在2 000美元左右	27.16%
其他情况，请说明	7.41%

图13　客户首次入金情况

活跃率较低	2.47%
活跃率在50%左右	23.46%
60%以上的客户都很活跃	41.98%
80%以上的客户都很活跃	29.63%

图14　客户交投活跃性情况

4. 最受欢迎交易货币对：欧元/美元、英镑/日元分列直盘和交叉盘第一

从经纪商的后台数据看到，投资者还是非常"专一"的，外汇仍然是占据最大交易量的品种。其中，欧元/美元及英镑/日元仍然是用户最喜欢的直盘和交叉盘（见图15、图16、图17）。

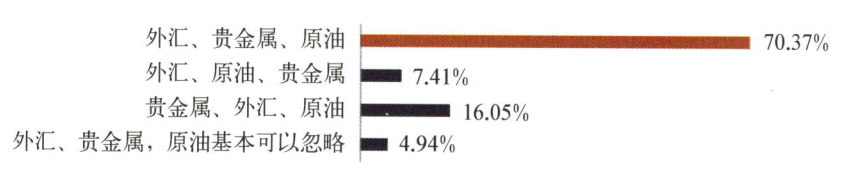

外汇、贵金属、原油	70.37%
外汇、原油、贵金属	7.41%
贵金属、外汇、原油	16.05%
外汇、贵金属，原油基本可以忽略	4.94%

图15　平台标的物交易量排名

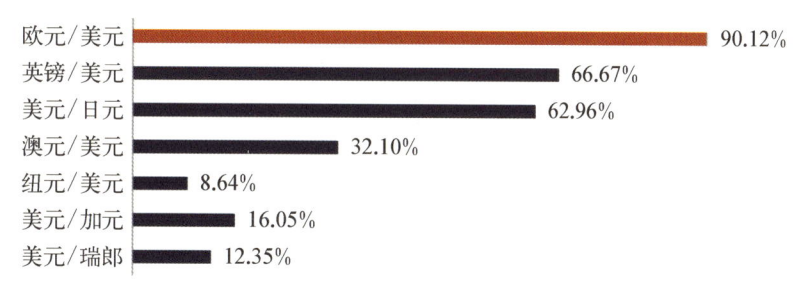

欧元/美元	90.12%
英镑/美元	66.67%
美元/日元	62.96%
澳元/美元	32.10%
纽元/美元	8.64%
美元/加元	16.05%
美元/瑞郎	12.35%

图16　直盘货币对交易量排名

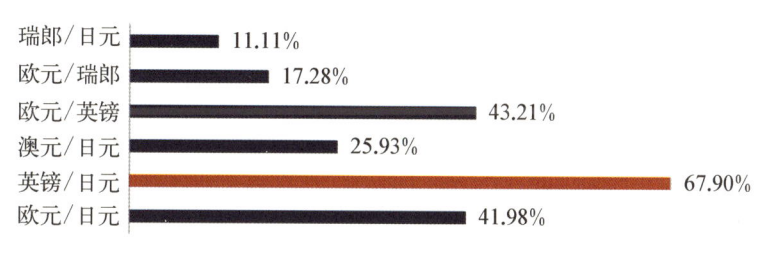

瑞郎/日元	11.11%
欧元/瑞郎	17.28%
欧元/英镑	43.21%
澳元/日元	25.93%
英镑/日元	67.90%
欧元/日元	41.98%

图17　交叉盘货币对交易量排名

5. 经纪商认为，投资者最关心这几个问题

在FX168本年度的网上公开调查中，投资者自己选择最关心的几大问题分别是：出金、监管和成本。而在经纪商的眼中，投资者呼声最高的三大问题分别是资金安全、出金速度和平台的稳定性（见图18）。

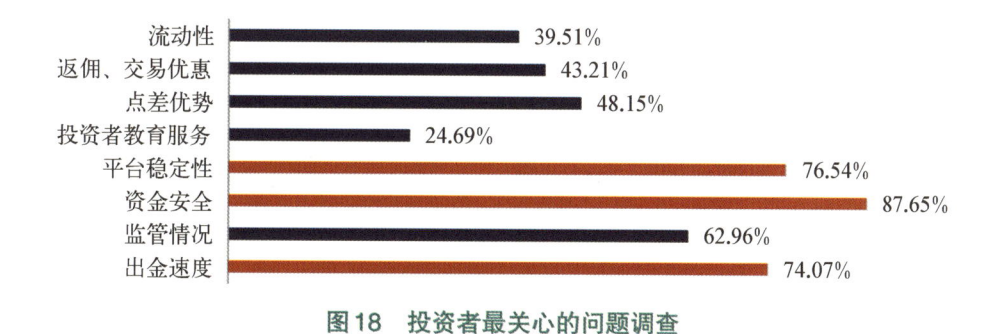

流动性	39.51%
返佣、交易优惠	43.21%
点差优势	48.15%
投资者教育服务	24.69%
平台稳定性	76.54%
资金安全	87.65%
监管情况	62.96%
出金速度	74.07%

图18　投资者最关心的问题调查

6. 平台的客户从哪儿来？能存活多久？

对于如何获客，经纪商们表示，IB代理公司是最有力且有效的渠道首选，看来IB模式仍然是广大外汇经纪商在国内进行业务拓展的优先选择。之后的是搜索引擎，以及传统的电话销售模式（见图19）。

而在获得客户之后,客户的存活周期也是平台运营非常重要的一大指标。从调查结果来看,43.21%的外汇经纪商表示客户存活周期在半年左右,而存活期在1年的占比略低,为37.04%(见图20)。

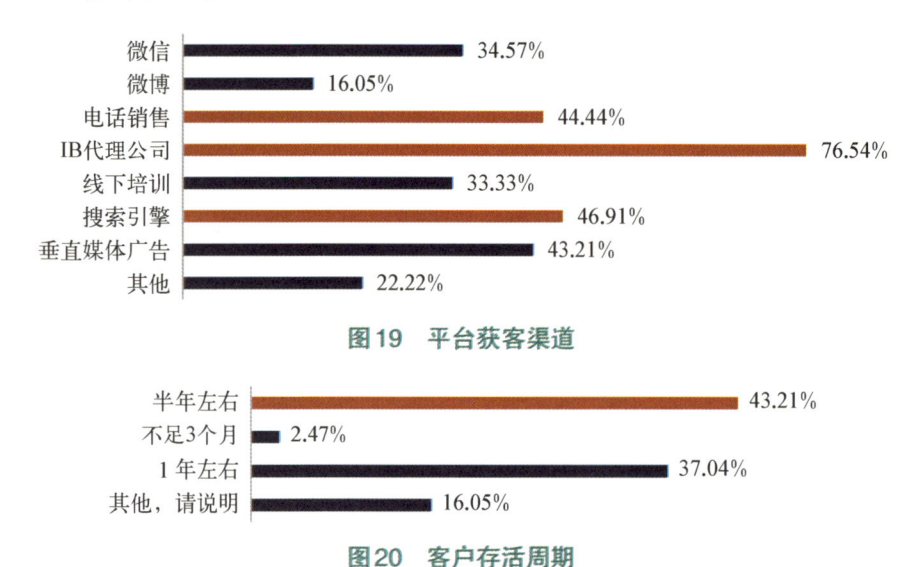

渠道	占比
微信	34.57%
微博	16.05%
电话销售	44.44%
IB代理公司	76.54%
线下培训	33.33%
搜索引擎	46.91%
垂直媒体广告	43.21%
其他	22.22%

图19　平台获客渠道

周期	占比
半年左右	43.21%
不足3个月	2.47%
1年左右	37.04%
其他,请说明	16.05%

图20　客户存活周期

7. 展望2018:线下热度不减

展望2018年,外汇经纪商的营销预算似乎与2017年相比有所下滑。预计营销预算在1 000万～3 000万元的外汇经纪商从上年的35%下降至19.75%,虽然调查样本数量有所出入,但是下降趋势还是比较明显。25.93%的外汇经纪商预计明年的市场营销预算在500万～1 000万元人民币,且还有较多一部分经纪商预计在300万元人民币以内。

对于营销预算投入的渠道,似乎2017年的展会热仍然会延续至2018年。80.25%的经纪商选择了线下展会作为其营销投入渠道之一,IB扶持的预算占比也较为突出。这也对应了外汇经纪商对IB获客有效性的肯定。相关结果如图21、图22所示。

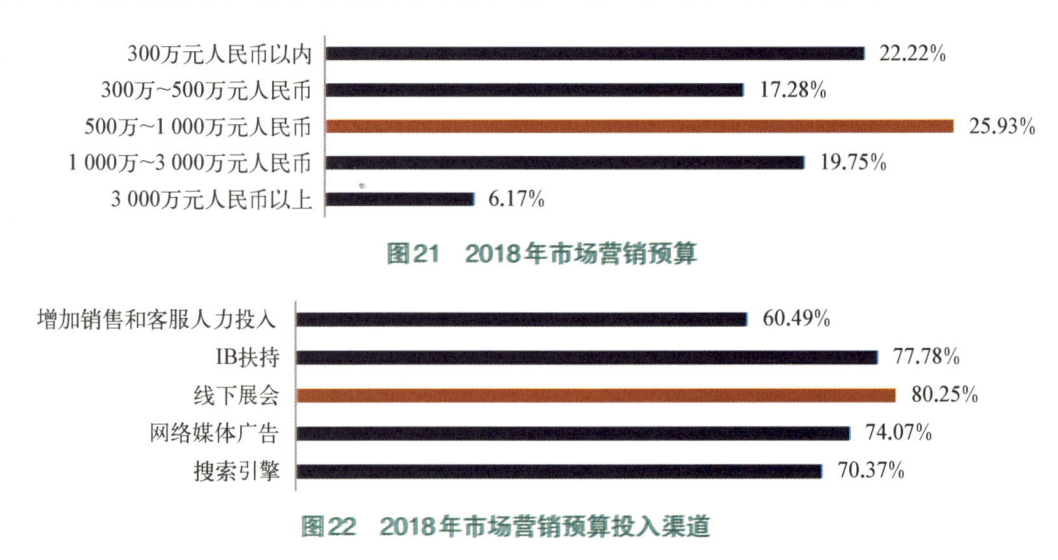

预算	占比
300万元人民币以内	22.22%
300万~500万元人民币	17.28%
500万~1 000万元人民币	25.93%
1 000万~3 000万元人民币	19.75%
3 000万元人民币以上	6.17%

图21　2018年市场营销预算

渠道	占比
增加销售和客服人力投入	60.49%
IB扶持	77.78%
线下展会	80.25%
网络媒体广告	74.07%
搜索引擎	70.37%

图22　2018年市场营销预算投入渠道

（四）网上公开调查结果

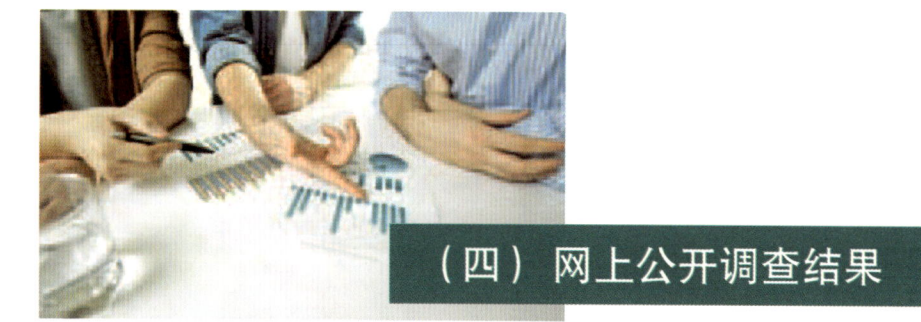

1. 男性年轻人仍是参与主体，盈亏占比几乎一致

调研结果显示，目前从事外汇和贵金属交易的国内投资者以 26～35 岁的青年男性为主。这一点与蓝皮书前几年的调研基本保持一致，交易的参与主体基本没有发生什么改变。而面对交易情况的调查显示，盈利和亏损的交易者比例非常接近，在 33%～39% 之间。另有 28.25% 的投资者表示是不赢不亏的状态（见图23、图24、图25）。

性别	占比
男	87.23%
女	12.77%

图23　投资者性别调查

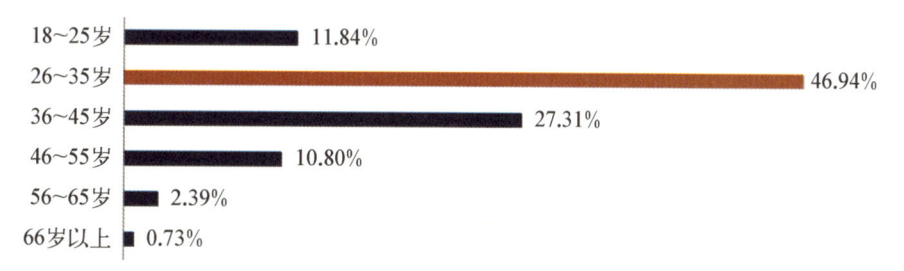

年龄	占比
18~25岁	11.84%
26~35岁	46.94%
36~45岁	27.31%
46~55岁	10.80%
56~65岁	2.39%
66岁以上	0.73%

图24　投资者年龄调查

盈亏	占比
持平	28.25%
亏损	33.44%
盈利	38.32%

图25　投资者交易盈亏占比调查

2. 24小时交易市场用户时刻准备交易

调研结果显示，相比较特别中意某一个盘面的交易，逾六成的交易者并不会特别"青睐"某一个交易时间段，而是根据交易机会来判断。这与2015年的调查结果有较大出入，当时调研结果显示近四成客户特别青睐在纽约时段交易。比较有意思的是，亚洲盘的交易占比较以前有所提高，有接近两成的占比，2015年该时段占比为16.4%（见图26）。

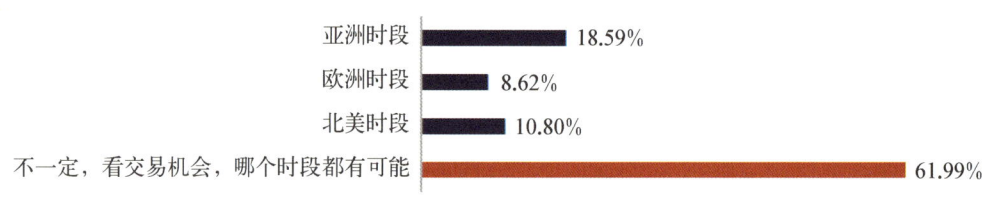

时段	占比
亚洲时段	18.59%
欧洲时段	8.62%
北美时段	10.80%
不一定，看交易机会，哪个时段都有可能	61.99%

图26 投资者交易时段调查

3. 日元受喜爱程度首次反超英镑

调研结果显示，在外汇货币对中，中国投资者对于欧元、英镑、日元三大货币的喜爱继续高居榜首。接受调研的投资者偏好交易的外汇货币对仍然集中在欧元/美元、英镑/美元、美元/日元三部分，占比分别达到53.89%、36.86%和42.90%，这也是历年调研中投资者对日元的偏爱首次反超英镑。不过，黄金的受喜爱程度超过了所有外汇货币对，达到71.65%（见图27）。

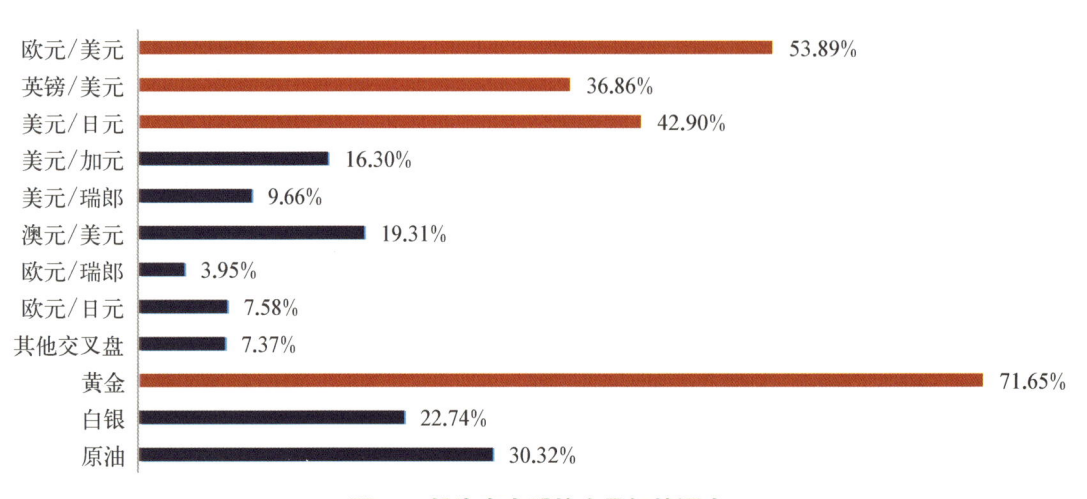

交易标的	占比
欧元/美元	53.89%
英镑/美元	36.86%
美元/日元	42.90%
美元/加元	16.30%
美元/瑞郎	9.66%
澳元/美元	19.31%
欧元/瑞郎	3.95%
欧元/日元	7.58%
其他交叉盘	7.37%
黄金	71.65%
白银	22.74%
原油	30.32%

图27 投资者喜爱的交易标的调查

4. 短线交易为交易主流，偏向技术面和基本面结合

调研结果显示，在交易频率上，目前从事外汇和贵金属交易的国内投资者多数选择日内短线交易，占比达到56.28%。在交易决策上，超半数投资者认为基本面和技术面必须同时评估，才能做出准确的交易决策。而如果只看一方面的分析时，更多的交易者选择了技术分析。也有近一成的"任性"投资者，选择了凭感觉交易（见图28、图29）。

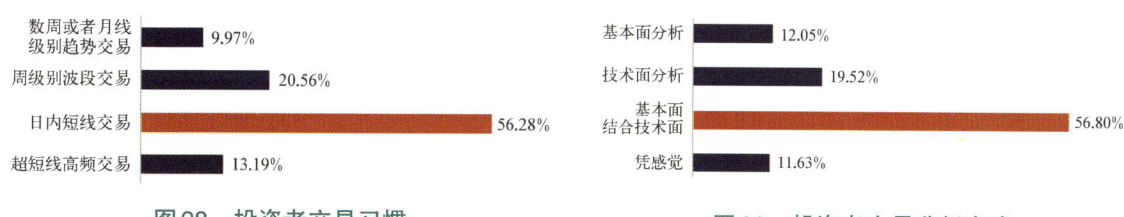

第2部分 国内零售外汇市场投资者结构及行为分析

图28 投资者交易习惯
- 数周或者月线级别趋势交易 9.97%
- 周级别波段交易 20.56%
- 日内短线交易 56.28%
- 超短线高频交易 13.19%

图29 投资者交易分析方式
- 基本面分析 12.05%
- 技术面分析 19.52%
- 基本面结合技术面 56.80%
- 凭感觉 11.63%

5. 对EA和培训用户这么看

对于近年来越来越火爆的EA自动化程序交易以及在线培训类服务，调研结果显示，只有不到两成的用户表示非常依赖EA去进行交易，而有四成的投资者表示完全不会去使用EA，另外四成用户表示有时会使用。另外，对于在线类的交易群服务，也有近六成的用户表示没有参与，原因是因为不认可或者是不知情。而参与过的用户中，逾半数人认为对自己的交易有帮助（见图30、图31）。

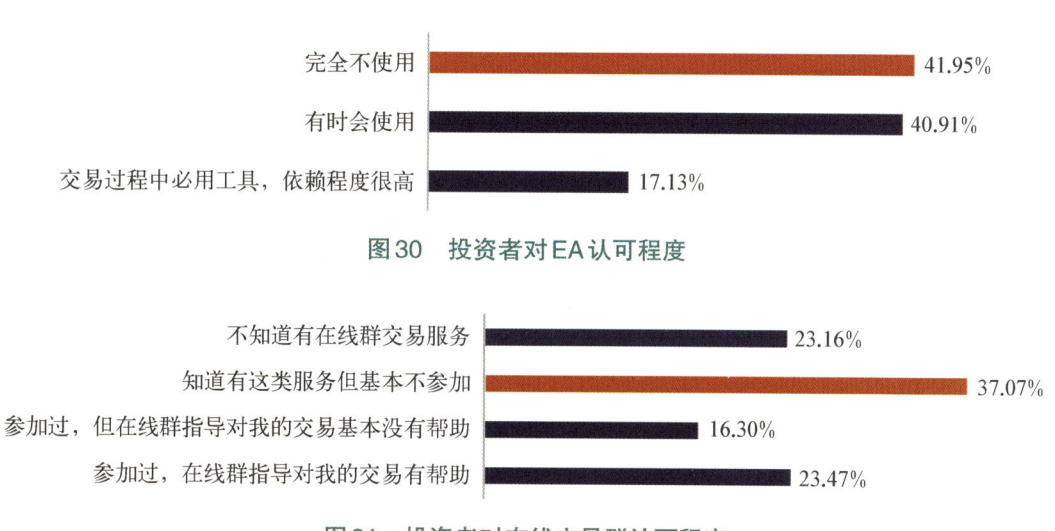

图30 投资者对EA认可程度
- 完全不使用 41.95%
- 有时会使用 40.91%
- 交易过程中必用工具，依赖程度很高 17.13%

图31 投资者对在线交易群认可程度
- 不知道有在线群交易服务 23.16%
- 知道有这类服务但基本不参加 37.07%
- 参加过，但在线群指导对我的交易基本没有帮助 16.30%
- 参加过，在线群指导对我的交易有帮助 23.47%

6. 网媒仍然是信息渠道首选

调研结果显示，网络媒体依然是投资者获取投资信息和交易商信息的首选，占比为70.51%。其他渠道占比都较低，但其中仍有8.2%是朋友告知，表明金融消费和其他消费一样，口碑很重要（见图32）。

7. PC端交易比重连续两年大幅下降

从调研结果中可以看到，目前单纯使用电脑进行交易的投资者比重进一步下滑，从我们历年的调查显示，这一比重每年的下滑幅度基本都高达50%，截至2017年8月的调查，仅用PC端进行操作的占比已经下跌到不足一成，而有近五成的用户表示，80%的交易都是在移动端完成（见图33）。

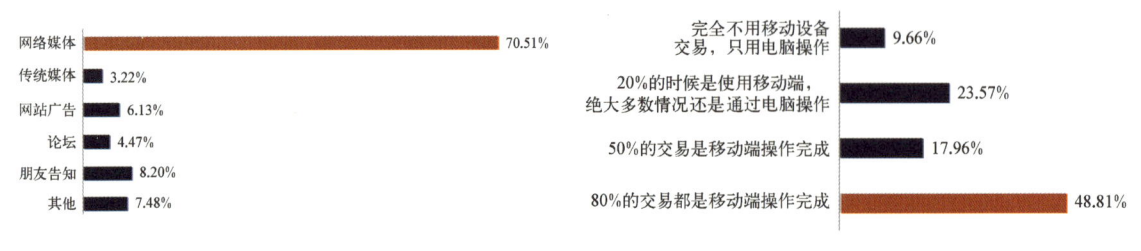

网络媒体	70.51%
传统媒体	3.22%
网站广告	6.13%
论坛	4.47%
朋友告知	8.20%
其他	7.48%

图32 投资者获取信息来源

完全不用移动设备交易，只用电脑操作	9.66%
20%的时候是使用移动端，绝大多数情况还是通过电脑操作	23.57%
50%的交易是移动端操作完成	17.96%
80%的交易都是移动端操作完成	48.81%

图33 投资者交易终端使用情况

8. 用户最关心的：出金、监管、成本

面对越来越多的市场参与者，中国投资者也在逐渐成长。与前几年的调查相比，用户从单纯的关注出入金是否正常，已经变得更加理智和成熟。调研结果显示，能否正常出金、经纪商的监管资质、平台的交易成本，成为用户选择时排在前三的考虑因素。

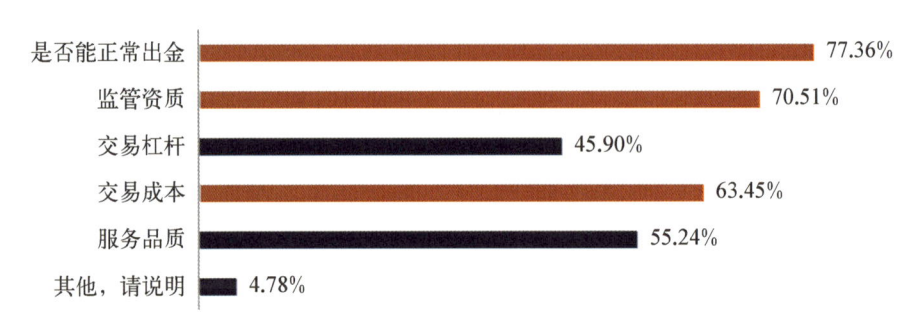

是否能正常出金	77.36%
监管资质	70.51%
交易杠杆	45.90%
交易成本	63.45%
服务品质	55.24%
其他，请说明	4.78%

图34 投资者挑选平台首选因素

9. 平台纠纷发生时多数选择协商处理

2017年行业中爆发了不少用户维权事件，这其中有平台应当承担的责任，也不乏投资者的恶意维权。我们暂且不去判定究竟这些事件责任在谁，当纠纷发生后，交易者会选择何种处理方式呢？从调研结果显示，近六成的交易者会选择与交易商沟通协商解决，也有两成多的交易者表示会寻求法律手段来解决。

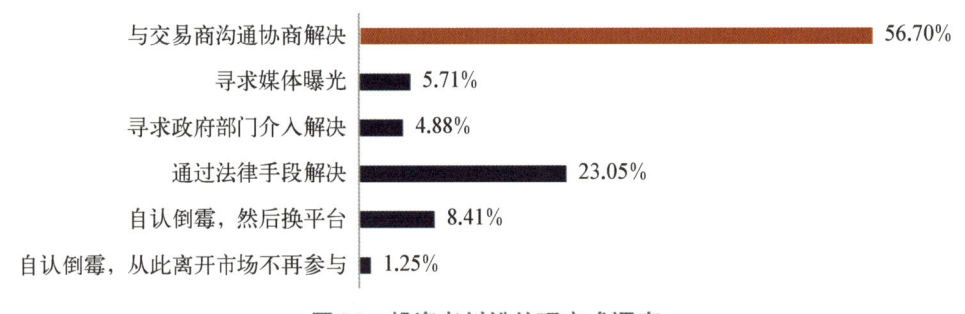

与交易商沟通协商解决	56.70%
寻求媒体曝光	5.71%
寻求政府部门介入解决	4.88%
通过法律手段解决	23.05%
自认倒霉，然后换平台	8.41%
自认倒霉，从此离开市场不再参与	1.25%

图35 投资者纠纷处理方式调查

第3部分

国内外外汇行业热点与趋势

（一）福汇被逐出美国市场，股价跳水被纳斯达克下达退市通知

美国商品期货交易委员会（CFTC）2017年2月6日发布公告，对福汇美国（FOREX CAPITAL MARKETS LLC）、其母公司福汇控股（FXCM Holdings）以及两名创始合伙人Dror Niv和William Ahdout处以700万美元的民事罚款，以了结其对该公司向零售外汇客户提供虚假及误导信息的指控。同时，福汇还同意撤回在CFTC处的注册登记，并承诺永不重新寻求注册。这也意味着，福汇在美国市场遭到禁入。

在CFTC公告发布之后，全美期货协会（NFA）也表示，撤销福汇的成员资格并永久禁止其再次加入，2017年2月21日开始生效。监管机构发现，2009年9月至2014年期间，福汇在向NFA提交的文件中针对零售客户中存在虚假及误导性陈述，隐瞒了其最重要的做市商关系。

CFTC公告称，福汇通过隐瞒与其最重要做市商的关系，以及虚假陈述其No Dealing Desk平台与客户利益没有冲突，对其零售客户提供虚假及误导信息。不过，福汇在公告中没有承认，也没有否认这些指控。

2015年1月15日，福汇在瑞郎事件中损失2.25亿美元，最后寻求华尔街投行Leucadia的3亿美元"救命钱"。上述消息传出后，福汇股价当日在美股盘后大跌12.4%。

福汇集团（FXCM Inc.）于2017年2月22日发表声明，福汇集团及其所有经营实体将维持原有福汇名称；而FXCM Inc.上市公司名称及股份代号则有所变动。声明称，FXCM

Inc.为一家上市公司,主要拥有FXCM集团,而FXCM集团持有多家经营实体,它们统称为"福汇";这些实体是使用"福汇"品牌的公司。母公司FXCM Inc.将会把名称更改为Global Brokerage, Inc.(其股份代号亦将更改为GLBR)。FXCM集团及其所有经营实体将不会更改名称。

不过由于股价持续滑落,2017年5月9日,Global Brokerage, Inc.被纳斯达克(Nasdaq)下达了退市通知。

Global Brokerage, Inc.通过Global Brokerage Holdings LLC作为一种间接有效持37.3%福汇集团股份的渠道,纳斯达克的消息在Global Brokerage, Inc.股票市值低于1 500万美元后发布,这一水平未能满足在纳斯达克全球精选市场上市规定的要求。为了使GLBR避免退市,集团必须在现在至2017年10月30日之间持续十日在市值1 500万美元的门槛以上交易。若未能达到该标准,纳斯达克将正式采取行动将GLBR退市。

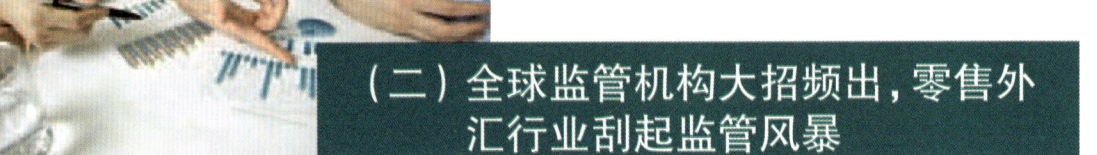

（二）全球监管机构大招频出，零售外汇行业刮起监管风暴

近期全球外汇行业刮起了更加严格的监管风潮。从CySEC宣布禁止交易赠金并设置50倍杠杆上限，到NFA要求美国外汇经纪商公布更多数据，再到FCA提出对CFD产品更严格的监管规定，监管机构的更多新规标志和行业监管愈发严格，而2017年年初的"福汇事件"更是进一步确立了行业监管趋严的现实。

1. CySEC限制赠金活动

作为欧洲著名的监管机构，塞浦路斯证券交易委员会（CySEC）近期不断收紧监管措施，2016年12月CySEC要求受监管的所有经纪商停止针对零售客户的交易赠金，同时还设置50倍杠杆上限。赠金营销此前一直是零售外汇经纪商的主要营销手段，该禁止赠金措施瞬间引发"行业巨震"。不少受CySEC监管的经纪商受到影响，尤其是二元期权行业。英国外汇经纪商Plus500就在CySEC发布禁止赠金措施后股价一度暴跌18%。

CySEC 2017年2月2日宣布下一步目标为整顿受管制的零售外汇、差价合约（CFDs）以及二元期权经纪行业。CySEC给所有持塞浦路斯投资公司（CIF）许可证的在岸经纪商发送了一份新通知，这份通知涉及销售和营销、第三方外包服务、提供投资建议以及销售人员能力。此外，这份新规定重点关注过于激进和误导性的销售技巧，这在该行业非常盛行。"新规定"亮点包括以下几个方面：禁止销售人员给客户提供投资建议。鉴于一些经纪商被授权提供投资建议，但这也仅限于相关部门被授权和合格的员工来负责提供建议。经纪商员工在与客户沟通时必须使用真实姓名，不可以使用别名、假名或提供信用方面的虚假信息。经纪商员工禁止：(1) 经常、重复给客户打电话；(2) 使用激进的言语；(3) 施压客户；(4) 督促或建议客户投资以及存款。

2017年2月6日，CySEC在其努力使得金融服务机构更加严格地遵守其监管规定的道路上更进一步。该监管机构对在塞浦路斯投资公司的要求逐渐变得更加严格，而CySEC最新一批的监管法规变化则更加侧重于更为具体的外包业务。

2. FCA提出对CFD产品更严格的监管规定

2016年12月6日英国金融行为监管局（FCA）提出计划，对向零售客户销售差价合约（CFD）产品的公司实施更为严格的监管规定，以期改善行业标准，确保消费者被恰当地保护。FCA这一举措被称为行业的"迷你黑天鹅"事件，导致有关经纪公司市值瞬间损失20亿美元。

像点差交易和滚动即期外汇产品之类的CFD是提供给投资公司复杂的金融工具，并且经常在线上平台进行销售。随着CFD市场中公司数量的上升，FCA担忧更多开户并交易CFD产品的零售客户并不能对这类产品有充分的了解。FCA对CFD客户账户代表样本的分析发现，此类产品的客户中有82%亏损。因此FCA将实施一系列法规，以试图通过限制CFD产品风险及确保客户获得更多的信息来增进对客户的保护。新的举措包括引入标准化风险警告，并强制供应商公布客户账户的盈利—亏损比例，以更好地展示这些产品的风险和历史表现。

对在CFD中积极交易少于12个月的经验不足的零售客户设定更低的杠杆限制，上限为25∶1。对所有零售客户的杠杆封顶为50∶1，并根据他们不同的资产风险引入更低的杠杆上限。目前部分提供给零售客户的杠杆超过200∶1。禁止供应商使用任何形式的交易或开户奖金作为CFD产品的促销手段。

FCA的计划举措是为了确保客户受到足够的保护。一些欧盟成员国对CFD零售商品已经引入了类似的限制规定。与2015年和2016年行业中的大多数"黑天鹅事件"相反，这次政策的出台在金融市场没有任何关系。分析称，英国零售贸易行业的规模证明这种干预是正当的，根据FCA提供的数据，经纪公司持有的外汇交易和CFD交易的客户资金基金接近35亿英镑，82%的散户在交易周期中亏损，这个消息对行业来说不应该是一个意外。

3. 澳洲监管部门令CFD和外汇经纪商难安

澳大利亚金融领域监管机构为澳大利亚证券投资委员会（ASIC）。根据ASIC法案的规定,任何在澳洲从事金融交易的金融机构均需获得ASIC的认证并申请获得金融服务牌照(AFS Licence),外汇市场也不例外。澳大利亚ASIC严格监管和执行,确保拥有ASIC授权的金融服务牌照的公司达到在金融市场公平、公正、透明及稳妥之要求,为世界上最严格、最健全、最能保护投资者权益的金融监管体系之一,也是全球最受认可的金融监管机构之一。

目前在澳洲从事外汇市场的金融机构有:银行、外汇交易商、经纪商、外汇信息供应商等。因此,所有正规的外汇交易平台只有在具备了AFS号码后方能获得从事金融衍生品交易的资格。ASIC产品干预的权力下的金融服务咨询预计在2017年底生效。ASIC现任主席Greg Medcraft 2017年2月9日表示,ASIC 2017年的监管焦点将集中于"复杂产品",如CFD,以及整顿金融服务业。

Medcraft先生所提议的这一权力将使得ASIC有能力禁止金融产品,增加产品信息披露义务,修改产品广告,以及限制某些金融产品的发行。业内相关机构和个人此时充满忧虑,静待此项提议一经通过后的相关结果。CFD和外汇业界已经在近期经历了来自ASIC的严格审查。Medcraft先生保证,该提议旨在"微调"特定的金融产品,而非直接对其进行全面禁止。过去两年来,ASIC在持续打击零售外汇经纪业违规行为的同时已经停止发放新牌照。自2013年1月31日起,所有ASIC监管经纪商应保证净有形资产不得少于50万澳元或年收入的5%;到2014年这一标准提升至100万澳元或年收入的10%。

4. 以色列新法案禁止境外宣传二元期权产品

以色列将禁止以色列公司境外宣传二元期权产品。根据法律草案,持以色列牌照的外汇经纪商将不得在其无监管牌照的国家提供外汇服务等。除此之外,以色列证券管理局(ISA)将同样禁止向以色列人宣传二元期权产品。该法案已从2016年3月起作为一项临时法案实施。以色列财政部部长将被赋予禁止其认为不合适的附加产品的权利。

从2016年3月起,以色列二元期权供应商已经被禁止向本国居民提供产品,不过彼时向国外消费者提供该类产品仍合法。这一法规导致国际上出现对以色列监管部门的不满,并有相关损失及违法指控出现。此举也被认为是针对离岸司法管辖区制定的,它们向国际公司提供廉价许可证,因此往往会吸引欺诈性实体。法规草案表示:"这种现象使得以色列的形象在全球尤其是以色列市场上越来越黯淡。"根据Finance Magnates的分析,二元期权产业每年为以色列经济贡献超过12.5亿美元,并雇用约5 000人。

5. 荷兰监管局计划禁止二元期权、外汇及CFDs广告

荷兰已经正式成为承诺对零售金融产品进行严格监管的下一个欧盟国家。荷兰金融市场管理局(AFM)计划限制被政府定位为过于危险的相关金融产品广告。2017年2

月21日，荷兰监管局发布公报，正式开启与金融服务行业及客户磋商的阶段。荷兰当局颁布的禁令包括系列针对零售投资者的金融工具。与法国监管机构相反，荷兰金融市场管理局不仅针对零售经纪商，还将商业银行的系列产品包括在内。高杠杆产品将全面受限，二元期货、外汇和差价合约（CFDs）超过1：10杠杆的将被禁止。荷兰监管机构还对认股权证、或有可转换债券、期权以及一些超过1：10杠杆的增压产品实施禁令，而这些产品是由商业提供的。

荷兰金融市场管理局还禁止差价合约供应商未给客户提供负平衡保护的广告。只要他们为客户的最大下行提供保障，将可以继续提供产品。荷兰金融市场管理局主席Merel van Vroonhoven表示，低利率环境促使很多公司提供储户追求高风险的产品。

6. 法国监管部门正式实施外汇和二元期权电子广告禁令

一向以对金融行业不友好的严格监管著称的法国金融监管部门——法国金融市场管理局（AMF）目前已开始实施其近期颁布的外汇和二元期权电子广告禁令。AMF已经联系了多家经纪商和分支机构，要求其应金融及货币守则（Financial and Monetary Code）撤下广告。AMF的发言人已经确认该行动。不过假如达到相关要求，经纪商仍然能够推销CFD，且在符合监管规定的情况下，暂时没有杠杆限制。

除此之外，AMF要求在法经营的全部经纪商为客户仓位提供保证止损，并提供负差额保护。在开仓前，客户需事先引入止损，在订单开始执行后，客户将无法将其止损范围扩大。在这种情况下，客户的损失将不会超过最初预估。这一决定为2016年底推出的Sapin 2法律的跟进举措。经过对业内人士和零售经纪商客户一段时间的咨询之后，AMF的一般规则手册已经更新。

7. 德国监管机构采取干预措施保护零售客户

德国金融监管机构BaFin于2017年5月8日发布了一项声明，旨在通过干预市场的方法来维护零售客户的利益。声明主要是针对那些没有为余额为负值的客户提供保护的经纪商，他们将使客户暴露在无限的损失之中。关于BaFin的决定，监管机构执行董事Elisabeth Roegele表示："通过限制差价合约的交易，我们首次在产品干预方案中使用。"该声明的发布距离德国监管机构建议采取措施解决客户负余额保护措施之后不到5个月。

监管机构在声明中概述了其对客户风险增加的担忧，因为由于零售客户使用的高杠杆作用，最终可能会出现大幅度的负余额。在外汇市场中瑞士国家银行危机下，一些交易员欠经纪商的金额超过其总资产价值。Roegele解释说："出于消费者保护的原因，我们不能接受。因此，CFD交易的限制是保护零售投资者的必要步骤。"

（三）里程碑事件！全球外汇行业准则重磅出炉

全球外汇行业2017年5月25日迎来具有里程碑式意义的事件！国际清算银行（BIS）公布了翘首以盼的《外汇全球准则》（FX Global Code），这一套行业准则旨在为全球外汇市场提供基本行为规范，根除外汇市场的不端行为，重建投资者对外汇市场的信任。过去几年中，一系列操纵丑闻已经令外汇行业的声誉遭到损害，《外汇全球准则》（以下简称《准则》）也正是在这一背景下出炉的。

《准则》是一套指引全球外汇市场良好实践的原则，其制定了一套通用的指导方针，以促进外汇市场的完整和有效运作。其由全球各地的16个司法管辖区的央行及市场参与者联合开发。《准则》并不向市场参与者施加法律或监管义务，也不取代监管，而是作为对任何地方法律法规的补充。预计《准则》会在整个外汇市场被采纳，包括卖方、买方、非银行参与者和平台。此外，BIS还提供了一份《声明的承诺》草案，要求企业公开展现他们对《准则》的遵守。

《准则》的目的是促进强大的、公平的、流动的、开放的和适当透明的市场环境，在这样的环境中，通过具有韧性的基础设施的支持，不同的市场参与者能有效地以能够反应市场信息的具有竞争力的价格进行活动。《准则》包含55条原则，涵盖道德、透明度、治理和信息共享等领域。《准则》还涉及电子交易、算法交易以及大宗经纪等复杂话题。

在操纵丑闻导致银行业遭遇约100亿美元的罚款后，BIS

的外汇交易全球行为准则旨在根除外汇市场的不端行为。这些原则具有里程碑意义，旨在重建投资者对日交易规模5.1万亿美元外汇市场的信任。BIS制定新标准的举措，是对近期外汇行业丑闻的一种反应，这些丑闻已经削弱了公众对外汇市场的信心。

在《外汇全球准则》出炉之后，行业内的支持声音不断。全球银行间交易经纪商、金融技术公司NEX Group plc在官网发布公告称，对BIS发布的外汇全球准则表示欢迎，并计划在其外汇交易平台采取相应调整以遵守该准则。NEX Markets首席执行官（CEO）Seth Johnson说道："从该准则的制定可以看出外汇市场参与者正在积极建立行业框架。NEX Markets将遵守和采用新准则，并在客户中推广使用。"英国金融行为监管局（FCA）发布声明称，FCA对于《外汇全球准则》的发布表示欢迎。FCA认为，该标准能够对于行业的内部监管提供一个可行的方式，并支持监管部门的监管工作等。全球支付机构SWIFT标准主管Stephen Lindsay说道："SWIFT欢迎并大力支持推出《外汇全球准则》，相信这将增强整体外汇市场的完整性和有效性。"Lindsay补充道，SWIFT多年来一直是外汇市场的核心参与者，SWIFT提供的服务与《准则》的意图完全一致。Pragma Securities首席商务官Curtis Pfeiffer表示，在外汇行业中，很少有人认为《外汇全球准则》是不必要的。Pfeiffer提到，近年来外汇市场的声誉因为一小部分个人的行为而受到损害，《外汇全球准则》是央行和外汇行业在道德、最佳实践和透明度方面的重要举措，这些原则可以在全球范围内得到运用。Pfeiffer说道："《准则》肯定是一个好的开头，是行业所需要的，会令外汇市场对于其参与者而言变得更好。"

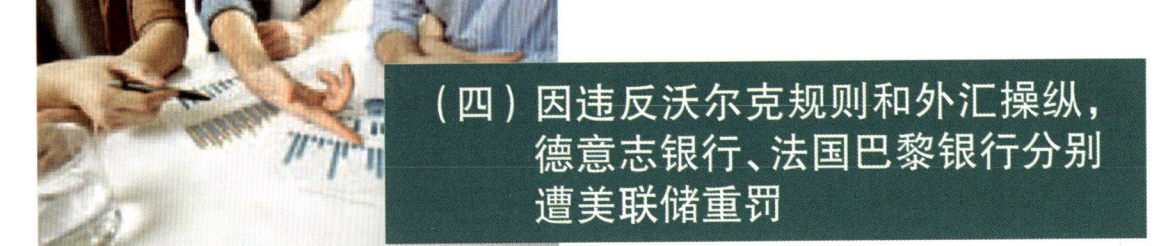

（四）因违反沃尔克规则和外汇操纵，德意志银行、法国巴黎银行分别遭美联储重罚

美联储（FED）2017年4月20日对德意志银行（Deutsche Bank）开出近1.57亿美元的罚单，因该行违反了沃尔克规则（Volcker Rule）。这也是首家因违反沃尔克规则而遭到美联储罚款的银行。

德意志银行被指未能确保交易员遵守沃尔克规则对于高风险市场押注的禁令，同时该行还指放任外汇交易部门与竞争对手在网络聊天中披露自己的头寸，并将因此支付更高的罚金。这两笔同时开出的罚金总金额为1.566亿美元，以惩戒一直持续到去年的交易员监管不到位的状况。德意志银行去年3月份向美联储承认，该行依然缺乏完备的体系来密切监控可能违反沃尔克规则禁令的交易行为。

美联储在公告中称，发现德意志银行在遵守沃尔克规则方面有落差，该规则禁止受政府保护的银行参与自营交易，并因此向德意志银行开出了1970万美元的罚单。同时，该行未能发现外汇交易员在网络聊天中存在不稳健的行为，泄露部分头寸情况或者讨论协调交易策略，将因此支付1.369亿美元的罚金。

德意志银行在与美联储达成的协议中，同意改善该行对外汇交易的监管。德意志银行发言人Renee Calabro表示"很高兴与美联储解决了民事诉讼问题"。但他拒绝进一步置评。此外，据一位知情人士透露，德意志银行仍面临纽约州金融局对其自动交易平台程序是否操纵汇率的调查。

法国巴黎银行（BNP Paribas）2017年7月17日被美联储罚款2.46亿美元,后者发现法国巴黎银行在外汇市场上长期存在"不安全且不健全的做法"。美联储还命令这家法国最大的银行实施一项计划,以确保上述违规行为不会再次发生。美联储在一份声明中说道:"该银行对其外汇交易员缺乏监督和控制,他们涉嫌利用电子聊天室与竞争对手讨论交易头寸。"美联储表示,法国巴黎银行的缺陷构成不安全和不健全的做法,命令该行完善对外汇交易的监督和内部控制。

2017年5月份,纽约监管机构——纽约州金融服务局（DFS）曾指控法国巴黎银行十几名交易员和销售人员在6年的时间里操纵外汇市场以及其他非法活动。外汇市场日均交易量达到5.3万亿美元。法国巴黎银行已经同意与DFS就其不当行为达成3.5亿美元和解。美联储发现,法国巴黎银行的交易员共享信息并密谋影响汇率基准价,包括所谓的伦敦下午四点定盘价。这些交易员使用不同的名字来掩盖客户对报价和交易活动的要求。

（五）因操纵利率，四家国际投行遭重罚

2016年12月21日，全球外汇市场发生了一件大事：全球知名的四家投行遭重罚，因操纵利率，全球外汇监管迎来了有意义的一天。据彭博社报道，摩根大通同意支付3 390万瑞郎（3 300万美元）来了结在瑞士的一项反垄断调查。调查发现，摩根大通与苏格兰皇家银行在长达一年多时间里合谋操纵一项基准利率。

瑞士竞争委员会当日发布公告称，苏格兰皇家银行因主动交代这项操纵行为而得到完全豁免。此事发生在2008年3月至2009年7月，目的是要影响瑞郎伦敦银行间拆借利率（Libor）。公告称，对三家在2005年9月至2008年3月串谋操纵Euribor基准利率的银行合计处以4 530万瑞郎罚款。其中巴克莱被罚2 980万瑞郎，苏格兰皇家银行与法国兴业银行分别被罚1 230万瑞郎和325万瑞郎。德意志银行因向该委员会发出过提示，而在围绕Euribor操纵案调查中得到豁免。

除以上四家投行遭罚款外，2016年12月21日澳大利亚两家大银行也遭到处罚，因外汇交易部门行为不当。据外媒报道，在被监管机构发现外汇交易部门存在不当行为之后，澳大利亚两家大银行承诺将加强对外汇操作的监管，并向该国金融教育基金分别支付250万澳元（180万美元）。澳大利亚联邦银行和澳大利亚国民银行说，它们已与澳大利亚证券与投资委员会（ASIC）签订了可强制执行承诺书，将调整它们的外汇系统、控制和监管。可强制执行承诺书是澳大利亚的一项法律工具，有时会被监管机构用于替代民事诉讼。

（六）脱欧难以动摇伦敦全球外汇交易中心地位

2016年6月，英国脱欧公投意外出现退出欧盟的结果，英国首相特雷莎·梅于2017年3月份触发了《里斯本条约》第50条，正式启动了脱欧程序，尽管如此，伦敦至今仍然是全球最大的外汇交易中心。

虽然有银行和金融机构正在积极准备迁址，但是迁移人才是一项繁杂而漫长的工作，除此之外，任何希望取代伦敦作为交易中心地位的城市都需要重兴基建。目前看来，英国的金融行业还未显露出当初脱欧公投时所预期的崩溃景象，而许多企业也变得越来越乐观。

在过去的几个月中，英国金融行为监管局（FCA）并未屈从于脱欧的压力放松监管，不过却宣布其正在考虑对零售经纪商行业监管做出重大变更，这引起了各方的关注。当前情况下，欧盟金融工具市场法规（Markets in Financial Instruments Directive, MiFID Ⅱ）对英国仍适用。尽管包括学界和英国财务报告理事会（Financial Reporting Council）在内的各界对于MiFID Ⅱ颇有微词，FCA仍未表现出以其他法规取而代之的倾向，欧盟领域的法规在脱欧期间仍在英国全面展开。

当前包括交易行业在内的英国金融业整体感到乐观。尽管政治因素不可预测，但是企业CEO们却仍然有信心看到在脱欧谈判中达成一份有利于双方的协议。英国金融行业领袖们在近期的公开活动中大部分都认为，尽管各方各怀政治目的，但是仍然没有理由闹得两败俱伤。

伦敦作为全球最大的外汇交易中心的地位，是其迄今为止展现出韧性的主要原因之一。根据国际清算银行（Bank of International Settlements）所发布的数据，全球约37%的外汇交易发生在伦敦。

当今环境下，地域几乎不再是交易的障碍。因此从理论上讲，交易中心的转移并非不可实现。但是实际情况下却存在诸多障碍，例如有些产品往往更加区域化、更依赖于底层的本地用户所制造的业务，因此需要接近交易实际发生的起点，使得交易中心的转移产生困难。

当交易集中在某一特定地区并受到全面的法律和监管环境的支持时，将会发展出得天独厚的优势，使得特定的市场能够正常运转。离开流动资金池，一个公司可能会面临对自己和客户不利的情况。

伦敦作为世界上最大的外汇交易中心，拥有低延迟的外汇交易应用程序生态系统最大的数据中心，这一点短期之内很难发生改变；除此之外，与其他欧洲国家相比，伦敦的资本成本较低，因此许多外汇经纪商和及时提供商仍然青睐伦敦。

随着速度在电子市场交易中变得越来越重要，机构将不愿意离开伦敦这一数据中心生态系统。在过去的10年里，由于网络效应，这一生态系统的规模显著增加，而每个机构都希望他们的交易服务器能够与其他机构一样，建立在最有优势的地点。而伦敦早已经意识到了自己在这一方面的优势，已经逐渐发展成为全球金融科技及电子商务中心。任何其他城市对于伦敦地位的挑战，将需要付出大量的时间和资本。

（七）《中国外汇市场准则》正式发布，促进外汇市场规范发展

2017年5月8日，全国外汇市场自律机制发布《中国外汇市场准则》（以下简称《准则》），旨在向中国外汇市场参与者和从业人员提供通用性的指导原则和行业最佳实践的操作规范，促进外汇市场专业、公平、高效、稳健运行。

《准则》在制定过程中充分借鉴了《全球外汇市场准则》以及主要国家和地区外汇市场自律机制相关准则的内容，包括常规惯例、通用原则、交易执行、风险控制、交易确认与清算、经纪公司、技术术语等章节。

作为中国外汇市场自律机制的基础性制度，《准则》并不对市场参与者构成法律和法规上的约束，也不能代替监管规范，而是对国家相关法律、法规和政策规则的有效补充，中国所有的外汇市场参与者可据此完善内部管理制度，并以更高的职业操守和专业标准开展业务。

《准则》适用于经中国监管部门批准从事外汇交易业务的机构和个人，包括具有银行间外汇市场业务、结售汇业务、外币买卖业务等资格的经营机构及其内部从业人员。《准则》发布后，外汇市场自律机制将积极推广实施，包括组织对外汇市场从业人员的全面培训、开展市场监测和评估、建立纠纷解决机制等。

《准则》的制定和发布，是中国外汇市场改革和发展的重大举措。通过市场自律的方式进行自我规范，将形成他律和自律合力，有助于进一步提高中国人民币汇率形成机制的市场化程度、促进和规范外汇市场的发展，同时也是中国外汇市场规则与国际接轨的重要标志。

（八）收购盛宝银行30%股份，吉利集团进军外汇行业

盛宝银行（Saxo Bank）于2017年5月5日宣布，其公司创始人之一Lars Seier Christensen，将其股份售予李书福主要控股的浙江吉利控股集团香港子公司。根据外媒Finance Magnates估计，这笔交易价值约在3.5亿至4亿美元之间。此次中国资本以股权并购的形式，进入一家全球知名的交易商，充分显示了外汇行业在中国的光明前景。

吉利控股集团曾收购沃尔沃（Volvo）汽车和伦敦出租车公司（London Taxi Company）。2016年吉利控股集团营收超过260亿美元，集团总资产超过240亿美元。

Lars Seier Christensen收到了来自吉利集团的报价，并接受了出售其25.71%股权的提议。盛宝银行某些少数股东将行使跟随权出售他们的股票，使得吉利集团在盛宝银行所占股份达到30%。

盛宝银行成立于1992年，以科技金融见长，总部位于丹麦首都哥本哈根，其分支机构遍布全球五大洲26个国家和地区，服务于180余个国家的客户。盛宝银行旗下SaxoTrader平台以开创性的方式为零售客户接入外汇、差价合约、ETFs、股票、期货、期权等3万余种金融产品，真正实现一个账户进行全球投资。

盛宝银行联合创始人兼首席执行官Kim Fournais表示："吉利集团有极强的执行力、合规意识及企业家精神。我期待与股东和员工一起带领盛宝银行走向更好的将来。与吉利集

团的合作将带来更为雄厚的资金背景。除了在中国市场和亚太市场,我们还将在全球寻找更多的发展机遇。"

吉利集团的CFO及执行副总裁李东辉表示:"我们期望通过这次交易与盛宝银行合作拓展吉利集团在金融领域的活动。盛宝银行作为一家备受信任的交易平台,有着20年的成功运营经验及极好的信誉。盛宝银行在金融和监管技术领域无疑是领军公司。我们期望无论是在吉利公司内部还是在更为广泛的中国市场内都能够更好地发扬集团协作、发展金融服务市场。"

LeapRate于2017年5月24日发布了对盛宝银行首席执行官Kim Fournais的专访,Kim Fournais就吉利集团(Geely)对盛宝银行的收购案发表了看法。盛宝银行联合创始人Lars Seier Christensen已有两年时间不参与公司的日常管理,近期他将其所持股份出售给吉利集团。盛宝银行的联合创始人Kim Fournais仍担任首席执行官。Kim Fournais表示:"与吉利合作将为我们创造抓住全球机会及不断增长的中国和亚洲市场机会的更强大基础。我们在香港的办公室已设立多年,并于2015年9月在上海自由贸易区设立办公室。作为大中国区战略的一部分,我们已经签署了广泛的金融科技合作项目,有了吉利作为我们的合作伙伴,我们能够更好地在中国和亚洲市场成长。"

谈及有关Lars与吉利之间的收购案将帮助盛宝银行进行首次公开上市(IPO)的猜测,Kim Fournais表示:"我们确实在考虑IPO的情况,但正如我们之前所说的,近期没有上市计划。吉利对于盛宝银行有一个健康长期计划,而我认为股东变动对于IPO时间表并没有影响。"

（九）两会提案——黄泽民：外汇保证金交易应"阳光化"

全国政协委员、华东师范大学国际金融研究所所长黄泽民教授在第十二届全国政协第五次大会上提出了外汇保证金交易应"阳光化"的提案。

外汇保证金是一种独特的外汇衍生品，其采用保证金制度进行即期外汇交易，以场外交易为主，是国际外汇市场上一项主流的、成熟的产品。二十余年来，中国已经拥有一支庞大的外汇保证金投资者群体，他们既有风险意识、风险承受能力，也具有外汇投资的丰富经验。

调研结果显示，当前大陆外汇保证金交易者中，超过80%都表示对于外汇保证金交易有一定程度的了解。投资者的首次入金量集中在1 000~5 000美元的小数额内，其外汇保证金投资额占金融投资的比重以及金融投资占总资产的比重大多较低。尽管有经纪商提供最高四五百倍的杠杆，但多数投资者仍选择100倍左右，以上种种反映出当前中国的外汇保证金投资者还是比较谨慎的。

根据调研，投资者和经纪商均对国内开放外汇保证金交易表示出强烈兴趣。大部分投资者担心境外交易遇到骗子公司、交易滑点或资金挪用等安全问题，认为国内交易开放后监管会齐全完备，资金安全也可得到保障。经纪商则表示，当前国内个人投资者的投资渠道有限，尤其缺乏短平快的产品，外汇市场具有其他市场难以媲美的种种优势，对投资者有巨大的吸引力，外汇保证金的投资需求客观存在。

黄泽民认为，外汇保证金交易的阳光化可使行业的无序发展状况得到改善，法律法规的完善将减少投资者与经纪商之间因交易规则不明确产生的纠纷，在更好保护投资者的同时也减少了经纪商的经营成本。调研显示，80%的受访投资者身边存在有意向但尚未参与交易者，87%表示愿意参与国内的外汇保证金交易。

黄泽民认为，外汇保证金产品上市将有如下几个方面的好处：第一，丰富外汇投资领域的产品，满足广大投资者的需求；第二，引导外汇投资者资金的有序流动，杜绝非法的资金外流；第三，外汇保证金业务的阳光化，不仅可以打击该领域的黑平台，减少投资纠纷，也可以增加就业机会、增加税收。黄泽民教授建议在中国尽快上市外汇保证金产品。

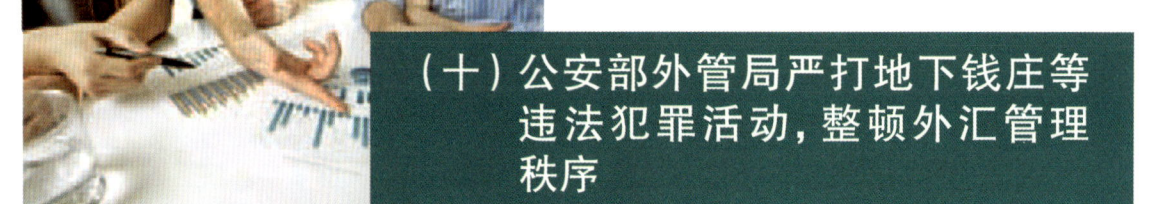

（十）公安部外管局严打地下钱庄等违法犯罪活动，整顿外汇管理秩序

中国国家外汇管理局和公安部2016年12月14日联合表示，将始终保持对地下钱庄等违法犯罪活动的高压打击态势，整顿外汇管理秩序，维护经济金融安全。当前，地下钱庄已成为不法分子从事洗钱和跨境非法转移资金的主要通道之一。这些地下钱庄不仅严重扰乱国家正常的金融管理秩序，同时也危害国家经济安全。

据外管局网站新闻稿称，日前，外管局和公安部联合召开2016年第三次打击地下钱庄工作部署及推进会议。一直以来，两部门紧密协作、密切配合，持续组织开展打击地下钱庄专项行动。通过追查钱庄背后的外汇违规行为，破获多起非法买卖外汇、利用虚假单证虚构外汇交易骗购汇、逃汇等案件。

新华社2016年10月中旬援引广东省公安厅称，2016年以来，广东各地公安机关开展多次打击地下钱庄的集中收网行动，破获案件140余起，抓获犯罪嫌疑人350余名，初步统计涉案金额2 300余亿元人民币，案件包括部分公司虚构贸易背景，修改、伪造货物提单，进行资金跨境循环方式骗购外汇等。

中国公安部2017年2月26日披露，2016年公安机关共破获380多起地下钱庄重大案件，抓获800多名犯罪嫌疑人，打掉500多个作案窝点，涉及逾9 000亿元人民币。

中国国家外汇管理局2017年5月26日对外通报一批企业、个人外汇违规案例，主要涉及企业利用虚假贸易合同，重复使用报关单、发票等；个人利用多个境内账户进行逃汇、套汇等行为；涉及币种包括美元、人民币、港元、澳元等。外管局网站公布的通报显示，其中最大单笔涉案金额高达1.19亿美元，外管局对其开出2 281万元人民币的行政处罚。外管局并表示，将加强外汇市场监管，依法严厉查处各类外汇违法违规行为，维护健康良性外汇市场秩序。

中国外管局综合司司长徐卫刚撰文称，外汇管理将继续有序推进重点领域改革，做好与市场的沟通，进一步提升贸易投资便利化水平；同时，加强跨境资金流动监测预警，支持银行完善展业自律机制并严格履行真实性、合规性等展业要求和责任，保持对外汇违法违规行为的高压打击态势。

2016年以来，国家外汇管理局紧紧围绕党中央、国务院工作部署，积极服务实体经济，便利跨境贸易投资，加强外汇市场监管，依法严厉查处各类外汇违法违规行为，维护健康良性外汇市场秩序。

（十一）陆金所控股与e投睿eToro签订战略合作意向协议

2016年12月14日下午，陆金所控股有限公司（以下简称"陆金所控股"）与全球领先社交投资网络e投睿eToro在上海签订战略合作意向协议，共同宣布双方作为全球市场战略合作伙伴，围绕技术、市场营销、品牌等多个方面进行合作，为海外有投资需求的华人提供资产配置服务。

陆金所控股作为全球领先的线上财富管理公司，主要从事投资咨询、企业管理咨询、财务管理咨询、信用风险管理咨询、网络技术开发及提供线上金融产品交易平台服务等业务。e投睿eToro是最早从事社交投资的网络公司，投资者通过eToro平台可直通全球金融市场并进行交易，与全球投资者随时进行沟通交流，分享交易策略，查看其他投资者的交易记录，轻松免费复制顶级投资者的交易，双方战略合作后将联手为在海外具有投资需求的华人客户提供良好的用户体验。

陆金所控股CEO计葵生表示，近年来，华人和中国企业海外投资理财需求在不断上升，并通过多种途径进行全球范围的资产配置。陆金所控股希望利用新的科技和模式，与合作方一起向客户提供海外市场的国际化服务，满足不断增加的机构和个人海外投资需求。e投睿eToro创始人兼CEO Yoni Assia表示，相信中国投资者对海外投资的欲望越来越强烈，并正在逐步探索如何简单又低风险地进入全球市场。陆金所控股和e投睿不只是普通金融公司，更是金融科技公司，双方有能力给客户提供最先进的投资工具，让每一位投资者成为全球投资社区的一员。

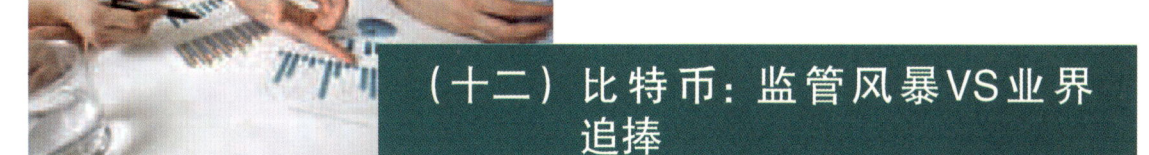

（十二）比特币：监管风暴VS业界追捧

作为7×24小时全球交易的虚拟货币，比特币在2017年经历了极为动荡的一年。中国、韩国等多个国家和地区的监管机构对比特币在内的虚拟货币以及相关初始代币发行（ICO）采取了强硬监管手段，一度导致比特币价格遭遇重挫。尽管如此，加密货币热潮到目前为止仍在持续着，在每一拨打压后都能卷土重来并屡创新高。比特币从2017年年初至今已飙升超过500%，年初时其价格还不足1 000美元。

中国率先落下监管重锤

中国人民银行等七部委2017年9月4日正式发布公告，称近期国内通过发行代币形式包括ICO进行融资的活动大量涌现，投机炒作盛行，涉嫌从事非法金融活动，严重扰乱了经济金融秩序。央行在官方网站发布的新闻稿中指出，代币发行融资中使用的代币或"虚拟货币"不由货币当局发行，不具有法偿性与强制性等货币属性，不具有与货币等同的法律地位，不能也不应作为货币在市场上流通使用。随后，比特币中国、火币网及OKCoin币行先后在2017年9月14日和9月15日发布停止相关业务的公告，其中比特币中国于2017年9月30日停止所有交易业务，火币网及OKCoin币行则于2017年10月31日前依次逐步停止所有数字资产兑人民币的交易业务。

全球"监管风暴"

在中国落下监管重锤之后,全球范围内掀起了一股猛烈的ICO及数字货币"监管风暴"。

马来西亚证券委员会(SC)2017年9月7日就ICO发布警告,称ICO项目难以验证真实性,可能存有欺诈、洗钱和恐怖主义融资等高风险,可能会有流动性不足及定价不透明风险,且投资者的法律保护及追索权也难以保证。

韩国金融服务委员会(FSC)2017年9月29日发布公告称禁止各种形式的ICO,同时还将对虚拟货币交易进行严格管制和监控。

俄罗斯银行第一副行长谢夫佐佐夫(Sergei Shvetsov)2017年10月10日对外表示,加密货币交易所不仅将被禁止,且其网站也将被阻拦,以保证俄罗斯公民无法访问这些网站。

斯洛文尼亚监管机构金融稳定委员会(FSB)2017年10月10日警告虚拟货币的参与者面临更高的欺诈风险。

塞浦路斯证券交易委员会(CySEC)2017年10月13日要求经纪商必须对加密货币产品执行1:5的杠杆上限,且经纪商每季的营业额中加密货币的营业额占比应控制在15%以内。

法国和直布罗陀监管部门亦于近日开始呼吁或着手就ICO及其所基于的区块链技术拟定监管框架。

不过也有监管部门反其道而行之,阿布扎比金融服务监管机构(FSRA)就对加密货币及ICO持积极态度。

阿布扎比全球市场(ADGM)于10月9日发布通告,金融服务监管机构(FSRA)在"指导"中列出了"金融服务和市场法规(FSMR)"下的ICO和虚拟货币的方法。通告表示,分布式分类账技术(DLT)在金融服务和市场整体的应用非常广泛。最基本的虚拟代币是在DLT网络上记录的信息。其中,代币可以代表一种交换媒介,如虚拟货币、受管制的金融工具,如股票,或个人的身份记录。FSRA认为,对于虚拟代币的"一刀切"管制方法是不合适的。在"指南"中,FSRA规定了其对ICO和虚拟货币的管理方法,以便对在其管辖范围内使用此类技术进行规范性澄清。该"指导"还规定,虚拟货币被视为商品,并且建议那些由于其价格波动而寻求超额投资回报的投资者保持谨慎。

比特币仍受业界追捧

与各监管部门的谨慎甚至敌对态度截然相反的是,部分经纪商甚至跨国银行对比特币等加密货币则表现出了友好。

伦敦黄金经纪商Sharps Pixley于2017年9月26日宣布正式接受比特币作为支付手

段。作为英国最老牌的贵金属供应商之一，Sharps Pixley希望给顾客更多便利，在线商店整合允许使用比特币钱包支付。公司总裁Ross Norman称，很多比特币投资者对传统避险资产也有兴趣，现在他们可以很方便地进行资产转移。Sharps Pixley将与支付处理商BitPay进行合作，BitPay是美国的比特币支付平台。

盛宝银行（Saxo Bank）则将在纳斯达克OMX斯德哥尔摩交易所上市的以太币交易所交易票据（ETN）加入其资产清单。

ThinkMarkets智汇几个月来第二次扩大其差价合约（CFD）产品，使其数字货币产品总数达到八种，包括比特币、以太币、莱特币、瑞波币、比特币现金、达世币、门罗币和小蚁。

Tickmill、RoboForex及ETX Capital也相继宣布将比特币等加密货币工具加入其交易平台。自律机构金融委员会（Financial Commission）也宣布，将成为首个接受比特币和以太币付款方式的监管机构。

此外，投资银行巨头高盛（Goldman Sachs）同样"热情"拥抱比特币，目前正在就推出专门针对比特币和更多加密货币的新交易业务的前景进行研究。

总结

围绕比特币等加密货币及相关的ICO等融资手段，监管机构与经纪商所持态度之间逐渐出现了有趣的裂痕，接踵而来的监管打击似乎并未能阻断经纪商和投资者对于比特币等加密资产的追捧。在监管风暴有所平息之际，比特币价格已经自此前低点大举反弹至6 000美元的历史新高。可以肯定的是，不论对于加密货币和ICO所持态度如何，各国政府、监管部门及各大银行等金融机构对于其背后的区块链技术都持积极态度，并投身于争分夺秒的研发中。

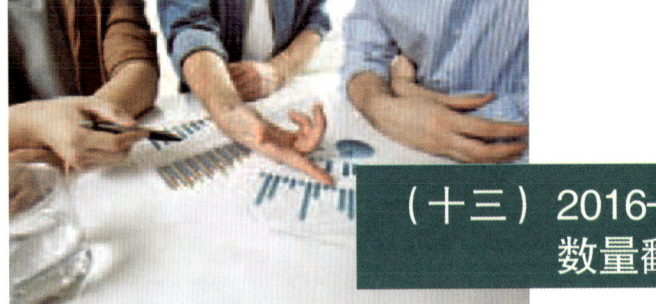

（十三）2016—2017期间金融活动总数量翻番，上海仍高居榜首

根据FX168统计，2016年9月至2017年9月一年内，中国金融类线下活动大幅增加，大大小小的活动总计达到278场，相比于2015年9月至2016年9月的141场几近翻番。

区域分布上，2016—2017年期间的活动多集中于华东、华北、华南地区。其中华东区最高，占比37%，其次是华北，占比23%，华南占比16%，三大区域总计占总线下活动比例的76%。华中、西南、西北、东北占比较小，分别占10%、7%、5%和3%，总计占总线下活动比例的25%。金融类线下活动区域有明显的调整，区域分布相对上年更加集中于华东、华北、华南地区，其他区域活动相较上年有显著减少。

在城市分布上，上海依然是所有城市中活动数量排名第一（66场）的城市，且远高于排名第二的北京（44场），其次是深圳（21场）和广州（16场）。相比上一年，杭州、郑州、北京、深圳、成都活动数量显著增加，但是，宁波、厦门、长沙、南宁、大连等城市线下活动数据呈递减趋势。整体来看，线下活动城市分布明显更加集中于上、北、广、深等经济发达的一线城市且分布十分不均匀（见图1）。

图1　2016—2017年金融类线下活动区域分布图

第4部分
金融监管研究

2017年中国外汇市场中的一大现象是，来自世界各地不同的监管牌照不断涌出，这给投资者在甄选平台上制造了不少麻烦。我们看到，感到"麻烦"的不仅是投资者，行业媒体乃至已经在中国市场耕耘多年的老牌经纪商无一不受其困扰。基于此，我们在本次蓝皮书中特别增加了"金融监管研究"部分，选取有代表性的监管机构"美国全国期货协会（NFA）、英国金融行为监管局（FCA）和澳大利亚证券投资委员会（ASIC）"，通过对这些监管体系的研究和梳理，试图给大家在甄别平台时提供一些帮助，也为行业有识之士探讨行业发展提供一些指引。

除这些相对成熟的监管体系外，还有一些其他监管体系值得研究和分析，篇幅所限，我们无法全部呈现在本蓝皮书中，后续研究我们将陆续在FX168点评频道发布，敬请关注。

（一）美国全国期货协会（NFA）

美国全国期货协会（National Futures Association，NFA）是美国衍生品行业的自律监管组织，监管的范围包括场内交易的期货、场外的零售外汇以及柜台衍生品交易。NFA总部在芝加哥，同时在纽约有办公室。NFA为非营利的独立监管组织，它本身不经营任何交易所，不用纳税人的钱，只是依靠会员费及评估费来维持运营。

1974年美国国会设立商品期货交易委员会（Commodity Futures Trading Commission，CFTC），CFTC为美国对期货交易有管辖权的联邦监管组织。国会同一法律还授权成立"注册期货协会"，为美国期货行业全国范围内的自律性监管组织的成立奠定了基础。NFA 1982年开始正式运营。国会在2000年和2008年分别立法，要求零售外汇交易的对手方和外汇交易池子运营商、交易顾问以及介绍经纪都需要到CFTC注册并成为NFA的会员。类似的是，2010年美国国会通过《多德—弗兰克华尔街改革与消费者保护法案》（Dodd-Frank Wall Street Reform and Consumer Protection Act），CFTC拥有了对掉期交易的监管权，因此掉期交易商和相对应的市场参与者也被要求到CFTC注册并成为NFA的会员。

NFA的会员制是强制的，以确保美国民众与美国的期货交易所、零售外汇交易场所进行交易时遵循的是同样的标准。掉期交易商和掉期交易参与者入会也是强制的。目前

NFA有约4 100家企业会员及57 000名关联人员。

NFA的职责和服务有规则制定、会员合规、规则执行、会员培训、争议解决、投资者保护，同时还面向全球范围内的监管机构、交易所或自律组织提供定制化的培训服务，对于指定的合约市场和掉期交易执行场所NFA也可提供监管服务。

NFA的会员类型

NFA的会员类型分为商品池子运营商（CPO）、商品交易顾问（CTA）、期货佣金商（FCM）、外汇交易商（FDM）、介绍经纪商（IB）和掉期交易商（SD）六类，每类会员的要求、监管义务、会费及年费有相似之处又各有不同。本蓝皮书将重点介绍前5类会员。

（1）商品池子运营商（CPO）

商品池子运营商（Commodity Pool Operator，CPO）是运营一个商品池子并为该池子征收资金的个人或组织。商品池子是一家资金由一定数量的人贡献，并以交易期货合约、期货期权、零售外汇合约、掉期产品或投资于其他商品池子为目的的企业。由上可以看出，商品池子运营商可以看作是资管公司或基金。

CPO的注册要求

注册成为CPO类会员的个人或组织需指定一名安全管理员以获得NFA在线注册系统（ORS）的安全访问权限，完成NFA指定的表格和调查问卷，支付200美元注册费和相应会费及年费，这些费用都是不可退回的。

注册成为CPO类会员的个人或组织还需在NFA备案主体（Principal，可以是人，也可以是实体）或关联人员。每个主体或关联人员的注册费是85美元，如果该主体或关联人员已经在CFTC注册，则无需另外交费。如果主体同时也是关联人员，则只需交一次费用。

以上CPO的注册要求为NFA每一类会员的注册要求的基本要求，差别在于不同会员的表格及报告内容会有所区别，入会会费及年费也各不相同，净资本金要求也不尽相同。各类会员的相同部分在之后章节中将不再赘述。

除CFTC监管规则4.5条或4.13条所述情况外，其他CPO均需在NFA注册。

CPO的监管义务

每年CPO要履行的义务大体上包括：安排合格的员工或第三方信息安全专家检视其网络安全事宜；定期交会费；完成NFA要求的年度调查问卷、在线注册信息更新以及填写自检问卷；向池子参与人或新客户公布或告知隐私保护制度；通过在线系统向NFA提交年度财务报告并分发至池子参与人等。

CPO的会员费

CPO首次入会会费是750美元，外汇公司性质的CPO首次入会会费是2 500美元。

CPO会员年费是750美元,外汇公司性质的CPO会员年费2 500美元。

注:每一类注册会员在每年续期时都有100美元的保持注册记录的费用,此费用不包含在上述年费中。其他会员都是如此,以下将不再赘述。

CPO报告要求

账户情况月报或季报

净资产超过500 000美元的CPO需每月向池子参与人员发布账户财务报告;

净资产低于500 000美元的池子或享有豁免权(仅有极少情况享有豁免权)的CPO需每季向池子参与人员发布账户财务报告。

年报

每财年结束后的90天内CPO需向其池子参与人员发布经独立第三方审计的年度报告,该报告需同步通过NFA的在线系统报告到NFA。

池子季报

CPO需每个季度通过NFA的在线系统提交包括公司情况及池子运营情况的报告,提交时间是3月31日、6月30日和9月30日季度结束后的60天内。12月31日结束后的季报,中小型池子在自然年结束后的90天内提交,大型池子在60天内提交。NFA将管理资产小于1.5亿美元的称为小型CPO,管理资产大于1.5亿美元但小于15亿美元的称为中型CPO,管理资产超过15亿美元的称为大型CPO。

延迟提交季度报告的,每延迟一天罚款200美元。延迟罚款的缴纳不代表可以免除NFA和CFTC的其他纪律处分。此项规定适用每一类会员,以下不再赘述。

CPO销售及营销上的注意事项

NFA要求CPO通过公众媒体发布以下营销内容时需提前获得NFA的许可:

- 广播和电视广告;
- 音频、视频广告;
- 与证券期货产品有关的营销资料。

NFA在收到报备后的10天内处理和回复。

NFA的CTA、FCM、FDM和IB类会员在营销上都有此规定,以下将不再赘述。

(2) 商品交易顾问(CTA)

商品交易顾问(Commodity Trading Advisor,CTA)是出于报酬或利润的目的,直接或间接建议他人买卖期货合约、期货期权、零售外汇合约或掉期合约的个人或组织。间接建议包括代客执行交易或通过出版物或其他媒体提供建议的行为。

CTA的注册要求

CTA类会员的注册要求为NFA各类会员的基本要求。

以下情况可以不注册CTA:

- 过去12个月中交易建议接收人小于等于15人且该实体未面向公众提供服务；
- 已经在CFTC注册的实体，交易建议只是其业务或专业上附带的；
- 所提供的交易建议并非出于其所掌握的知识，或者并非为特定交易账户或交易活动制定。

CTA的监管义务

季报和年报要求

CTA需在每季结束后的45天内通过NFA的在线系统提交季度报告，年度报告是每自然年结束后的45天内提交。报告内容包括CTA的总体情况及其交易方案。

强化的监管要求

NFA在CTA类会员中特别强调，NFA的会员（包括但不限于CTA）如雇用了在因误导或诱骗营销行为而被禁止入市的公司工作的员工，NFA可能会对该会员采取强化的监管措施，以阻止可能的销售滥用行为的再次发生。强化的监管措施包括：更高的资本金要求，销售电话的全程录音，所有营销资料使用前提前10天提交NFA审核。

CTA的会员费

CTA类会员首次入会会费是750美元，外汇公司性质的CTA首次入会会费是2 500美元。

CTA类会员年费是750美元，外汇公司性质的CTA会员年费是2 500美元。

（3）期货佣金商（FCM）

期货佣金商（Futures Commission Merchant，FCM）是一个兜揽或接受买卖期货合约、期货期权、零售外汇合约或掉期合约订单的实体，该实体还从客户处接受资金或其他资产用以支持上述订单。

FCM的注册要求

除以下两种情况外其他FCM都必须注册成为NFA会员：

- 只处理公司自身、公司关联企业、公司高管或公司董事的交易的。
- 只有非美国客户的非美国公民或公司，且其交易都是提交到CFTC注册、FCM进行清算的。

注册成为NFA会员的FCM，除了要指定一名安全管理员、填写指定表格、缴纳会费年费、指定备案主体或关联人员外，与CPO和CTA类会员不同的是，FCM的注册费是500美元，且还要符合NFA的合规要求。

FCM类会员的合规要求包括财务报告要求以及合规化管理要求。财务报告要求是独立第三方会计出具的申请日45天内的财务报告，或者申请日起17天内的财务报告及独立第三方出具的申请日起1年内的财务报告。NFA希望申请公司调整后的净资本高于NFA的最低要求（详见FCM净资本要求），如若未达标，则会要求补充提交报告直至资本金达到NFA的要求。

另外,FCM还需指定一名首席合规官(CCO),该首席合规官同时是备案主体(Principal)。FCM还需提交各类合规文件,包括但不限于反洗钱规定、业务连续性及灾备方案、网络安全管理机制、风控机制、电子订单追踪机制、营销方案管理机制、关联人员监督机制、客户投诉管理方案、保证金管理方案、所有未经审计财务报告等文件信息。NFA审核确认所有被要求的文件后方予以批准,否则不会批准。

FCM的净资本要求

第一,每个FCM调整后净资本要求不低于1 000 000美元;

第二,调整后净资本不足2 000 000美元的,每个远程运营地的净资本要求不少于6 000美元;

第三,调整后净资本不足2 000 000美元的,其资助的每个关联人员的资助金要求不少于3 000美元;

第四,外汇交易做市商的FCM净资本要求不低于20 000 000美元;

第五,FCM不可将未记为债务的客户资产作为FCM的资产。

FCM的监管义务

FCM类会员每年的监管义务,除了有网络安全的检视要求、定期交会费年费、完成NFA要求的基础问卷和自检问卷、可能需要的强化监管措施外,还有如下规定事项:

- 活跃的个人客户,FCM每年应至少联系一次,以确认客户掌握的合规信息是准确的,同时给予客户修正或补充其信息的机会。如果是中间商介绍的个人客户,相应更新的客户信息要同步到中间商。
- 首席合规官需每年向公司管理层或董事会提交年度合规报告。
- 提供零售外汇交易服务的FCM还需将公司登记在NFA BASIC中的信息以书面形式发送给每位开户客户。
- 提供零售外汇交易服务的FCM还需按NFA的合规要求提交一份来自该FCM电子交易系统的记录所形成的,经该FCM在NFA备案主体或关联人员签字可证明其安全、容量、信用和风控是合规的报告,连同经审计的书面年度财务报告一起提交给NFA。

FCM的会员费

会费

FCM首次入会的会费分如下几种情况:

- 某一交易所是指定自律监管组织的FCM,会费是1 500美元。
- NFA是指定自律监管组织的FCM,会费是5 625美元。
- 某一交易所是指定自律监管组织并同意检视其外汇交易活动的FCM外汇交易商会员,会费是25 000美元。

- NFA是指定自律监管组织的FCM外汇交易商会员,会费是125 000美元。

年费
- 某一交易所是指定自律监管组织的FCM,年费是1 500美元。
- NFA是指定自律监管组织的FCM,年费是5 625美元。
- 某一交易所是指定自律监管组织并同意检视其外汇交易活动的FCM外汇交易商会员,年费是25 000美元。
- NFA是指定自律监管组织的FCM外汇交易商会员,年收入:

——小于等于500万美元的,年费125 000美元;

——大于500万美元但小于等于1 000万美元的,年费250 000美元;

——大于1 000万美元但小于等于2 500万美元的,年费500 000美元;

——大于2 500万美元但小于等于5 000万美元的,年费750 000美元;

——大于5 000万美元的,年费1 000 000美元。

以上年费每季缴纳。

(4) 外汇交易商会员(FDM)

外汇交易商会员(Forex Dealer Member, FDM)是作为交易对手,或提供作为交易对手的,与无合约参与资格的交易个体进行场外外汇交易的实体。这些场外交易可以是:

- 期货合约、期货期权或期权合约(证券交易所交易的期权除外)。或
- 以杠杆或保证金为基础提供或订立的交易,或者是由交易对手或扮演交易对手的人按同样方式提供的交易。

FDM的注册要求

《美国商品交易法》(Commodity Exchange Act)相应条款规定以外的其他个人或机构都必须注册为NFA的零售外汇交易商(Retail Foreign Exchange Dealer, RFED)。RFED的注册要求和FCM一致,除了有基础要求外,同样有严格的合规要求,在此不再赘述。

FDM的净资本要求

NFA要求FDM类会员的净资本:

其一,不少于20 000 000美元。

其二,除此之外还需要:

(a) 所有客户及其他合适对手盘在仓头寸的5%的资金(FDM关联人员及头寸超过10 000 000美元的客户除外);

(b) 余下其他总头寸的10%的资金。

FDM不可将关联人员的资产计为其资产。

FDM的监管义务

FDM的监管义务和FCM类会员一致,在此不再赘述。

FDM的会员费

会费

FDM首次入会的会费是125 000美元。

年费

零售外汇交易商,年收入：

——小于等于500万美元的,年费125 000美元；

——大于500万美元但小于等于1 000万美元的,年费250 000美元；

——大于1 000万美元但小于等于2 500万美元的,年费500 000美元；

——大于2 500万美元但小于等于5 000万美元的,年费750 000美元；

——大于5 000万美元的,年费1 000 000美元。

以上年费每季缴纳。

(5) 介绍经纪商(IB)

介绍经纪商(Introducing Broker, IB)是收集或接受客户买卖期货合约、外汇、商品期权或掉期合约订单但不接受客户用以买卖这些订单的资金或其他资产的个人或组织。IB的客户的外汇和期货账户必须以完全公开的方式在一家FCM或FDM的平台上执行。

IB的注册要求

除以下情况外,其他IB都必须注册成为NFA的会员：

- 已经注册并担任某一会员的关联人员；
- 已经注册为FCM；
- 已经注册为CPO而且只运营池子；
- 已经注册CTA且要么只管理受委托账户要么不收取交易服务费。或
- 为非美国公民或非美国公司,只有非美国的客户且所有交易是与一家现有FCM会员进行结算。

NFA对IB的要求,除了常规的安全管理员、申请表、年度调查问卷、会费及主体和关联人员要求外,也有合规要求。IB的合规要求与FDM和FCM不同。具体来说,NFA将IB分为独立IB和保证IB(Guaranteed IB)。独立IB可按下述三种方式之一提交财务报告：

- 独立第三方会计出具的申请日45天内的财务报告。或
- 申请日起17天内的财务报告及申请日起独立第三方出具的1年内的财务报告。或
- 申请日起17天内的财务报告。请注意,如果是这种方式,那么该IB注册成功的6个月内需接受NFA的检查(由保证IB转为独立IB的不适用,此类公司同样要像前述两种方式提交一份财务报告)。

保证IB需要提交一份保证协议书。保证IB无最低资本金要求,也无须提交财务

报告。

无论是独立IB还是保证IB,都必须提交合规材料,包括但不限于反洗钱规定、业务连续性及灾备方案、网络安全管理机制、自动交易电子订单监控机制、营销方案管理机制、关联人员监督机制、客户投诉管理方案、资产来源说明,如果有零售外汇业务,还需要提供与对手交易方签署的合作协议,当然还包括未经审计的财务报告。只有所有资料审核通过,NFA方予以批准,否则不予以批准。

IB的净资本要求

保证IB

保证IB没有净资本要求,但NFA对与保证IB签署保证协议的FCM有要求。

有下述情况的FCM不可以签署保证协议:

其一,净资本低于1 500 000美元;

其二,净资本低于2 000 000美元的,每个远程运营地的净资本未达到9 000美元的;

其三,净资本低于2 000 000美元的,其资助的每个关联人员资助费低于4 500美元的。

此外,净资本不达标的FDM亦不可以与保证IB签署保证协议,除非连续3个月提交的财务报告证明其资本金已满足或超过最低要求。

已经有保证协议的FCM和RFED在调整后净资本要求不达标后应立即通知保证IB及其监管关联方,若关联方下发文件后仍不能证明其资本金达标,则自下发文件后的30天内需终止与保证IB的保证协议。

独立IB

独立IB的净资本要求是:

其一,不少于45 000美元;

其二,净资本不足1 000 000美元的IB如有办事处,每个办事处的净资本要求不少于6 000美元(包括总部);

其三,净资本不足1 000 000美元的IB,其资助的每个关联人员的资助金不少于3 000美元。

IB的监管义务

前面已经提到,保证IB必须要提交一份与已经注册的FCM签署的保证协议,NFA只接受其指定的协议模板签署的协议。任何一方都可以终止协议,提前30天书面告知到另外一方、NFA、CFTC和与其签署保证协议的FCM的监管方。协议终止后IB必须停止IB业务。

独立IB必须要有账务系统记录其所有的财务记录,账务系统的报告必须符合美国通用的GAAP准则,且必须是连续的。

（二）英国金融行为监管局（FCA）

英国金融行为监管局（Financial Conduct Authority，FCA）是英国的金融监管机构，但独立于英国政府，运作费用来自会员的会费。FCA监管的是金融机构向消费者提供的服务，以此确保英国金融市场的合规性。它专注在监管零售类及机构类金融服务公司的行为。与FCA的前身英国金融服务局（Financial Service Authority，FSA）一样，FCA是一家有限责任公司。

2012年12月19日，英国《金融服务法2012》获得议会审批通过，并从2013年4月1日起生效。该法案创立了全新的监管框架，并废除了FSA。具体来说，该方案赋予英国央行有确保金融稳定的责任，带来了宏观和微观层面上的审慎监管，创造了全新的英国央行金融政策委员会、英国审慎监管局（Prudential Regulation Authority，PRA）和FCA三方共同监管的监管框架。

FCA拥有许多非常重要的权利，如：它可以规范金融产品的营销行为，可以制定金融产品的最低标准并推行这些标准，它还可以对机构和个人进行调查。而且，它还可以对金融产品实施禁售令，可以让金融机构立刻撤回或修改存在误导的营销内容。FCA还可以将它的这些决定对外公布。

FCA将于2018年1月3日实施MiFID II。MiFID是Markets in Financial Instruments Directive的缩写，它是欧盟监管金融服务公司行为的法规，包括金融交易发生的场所也在监管范围之内。

MiFID Ⅱ包括MiFID的修订内容以及一套新的监管规定,会影响到受监管企业的方方面面,从订单、交易报告、客户服务到IT及企业的人力资源体系,此节的最后部分会为您详述MiFID Ⅱ的变化。

以下将详细介绍FCA的认证、费用及要求。

1. 怎么认证

FCA的认证通常可在6个月内完成,但若信息不全,有可能需要12个月。认证步骤如表1所示:

表1 FCA认证步骤

申请人应:	FCA需:
• 提交完整申请表格及合适费用; • 按要求向FCA负责认证的认证员提供尽可能多的信息/证据;可能会被要求与认证员面谈。	• 按FCA的标准和工作方式评估申请,包括会让申请人知道何时认证员已经介入工作并让申请方及时了解评估情况; • 根据英国及英国以外其他监管机构掌握的数据和信息核实申请人申请资料; • 评估申请人的业务信息,确认是否达到FCA的"入门条件";确定同意申请与否。

认证通过后FCA会与申请公司书面确认,确认的信息包括获准的业务范围、获准时间以及各种要求和限制。同时,获准公司的信息在FCA的"金融服务注册公司(Financial Services Register)"中自动更新。

金融服务类公司获得认证的"入门条件"是该公司必须为实体公司或者合伙制公司(非有限责任合伙制公司)。其他准备工作还包括:要有相应具备职业资质的人员、商业计划书,完成IT系统自评调查问卷,零售经纪业务公司是必须要接受MiFID监管的,此类公司还需独立完成一份MiFID IT自评调查问卷。

2. FCA会员费用

(1) 认证费

一般来说,业务形态简单(非多元化经营)的金融服务提供商的申请费为1 500英镑,一定程度多元化经营的金融服务提供商的申请费为5 000英镑,完全混合型的金融服务提供商申请费为25 000英镑。该费用为一次性费用。

(2) 年费

FCA按监管的业务活动类别进行分类收费,称之为"费用区块"(fee blocks),每个公司按其实际开展的业务类别可能会属于一个或多个"费用区块"。当前,FCA的"费用区块"的分类有A—G共计23类(含其中的小类),如A.19是一般保险调停业务,持有/保管客户资金或资产属于A.21这一类。

FCA年费的计算依据是企业的经营数据,包括年度收入、业务规模及增减变化等数据信息,这些数据FCA称之为"tariff data"。FCA以某个业务区块当年所需的总费用为分母、该区块内所有企业的总"tariff data"为分子,得出该"费用区块"的年费费率,再以此乘以某一企业的"tariff data"得出该企业的年费。例如,"A.19一般保险调停业务"的年收入超过10万英镑的费率设在5英镑的话,那么A.19的年费则将是5英镑乘以10万英镑的倍数。

A类"费用区块"中的多数企业会有一个最低年费1 084英镑。但是,如果某一受监管企业有PRA和FCA的双重监管,那么它的最低年费将划分为两部分,其中的542英镑归FCA,另外500英镑归PRA。

根据FCA的规定,有少数公司可以缴纳比最低费用还低的年费,还有一些公司要交额外费用,如支付服务公司每年要额外交400英镑等。

FCA还会为每一类"费用区块"设定一个阈值,低于阈值的公司只需要交最低年费,阈值的设定会覆盖到35%～45%的企业,这也就意味着不占用FCA时间的公司不会被不公平地收费。如果你的公司某一"tariff data"高于阈值,那么要支付该"费用区块"的额外费用,但如果你的公司所有"tariff data"都低于阈值,那么就只需要支付最低年费。

当你的公司想要取消认证或减少认证范围时,相应申请需要在每年3月31日前(如果同时有PRA的监管则需要在每年2月最后一天前)提交至FCA,否则下一年度的年费需照常支付,且不予退还。

FCA特别提醒新认证公司,若你公司的认证是在认证年度内某一月份开始生效,年费是自该月份开始计算,生效前的月份无需计算在内。

(3) FCA年费计算过程

FCA每年10月份开始筹划下一财年的年费费率及费用政策,然后到下一年的7—9月,FCA开具年费发票并收取年费。具体来说,年费计算过程分如下步骤:

Step1:10—11月份

FCA给出年费更新和修改意见,例如:

- 新的费用;
- 新业务分类或新公司类型的费用;
- 计算方式的变更或数据要求的变更。

Step2:12月31日

认证公司以此日期为自然年度的结束日并计算出公司的"tariff data",FCA根据

"tariff data"计算出下一财年的费率。

Step3：1—3月份

FCA跟进认证公司按监管要求提交的"tariff data"，包括核对和确认数据的准确性。"tariff data"提交时间最晚不超过2月最后一天。

Step4：3月份

FCA就下一财年的新费率、新规则等接受咨询，同时将认证公司的活动按"费用区块"进行划分。

Step5：6月份

公布含新的费率及其他新规则在内的政策声明。

Step6：7月份开始

7月份开始FCA将给所有认证公司开具发票，年费需在9月1日前支付。其中，上一财年年费超过50 000英镑的公司需在4月1日前支付一部分预付款，预付款将从总的年费中扣除。

3. FCA对持有客户资产公司的管理

持有或保管客户资产的公司，在成为FCA的会员后需遵循FCA制定的监管规则，这也是为了确保一个公司破产或退出市场时客户资产的安全。持有客户资产的公司类别包括有经纪商、投资银行、资产管理公司等，FCA要求这些公司要识别风险、评估风险并降低风险。

依据持有或保管客户资产的多寡，FCA将其会员分为小型公司、中型公司和大型公司进行监管。不同规模公司的监管要求会有所不同，分述如下：

表2　FCA对不同规模公司的监管要求

公司类别	持有或预计持有客户资金的上限	监 管 要 求
大型公司	10亿英镑以上	每月15个工作日内提交上月客户资产反馈表；每年初15个工作日内提交上年度客户分类调查问卷；需指定一名负责人，且须是公司高管。
中型公司	100万英镑～10亿英镑	每月15个工作日内提交上月客户资产反馈表；每年初15个工作日内提交上年度客户分类调查问卷；需指定一名负责人，且须是公司高管。
小型公司	低于100万英镑	每年初15个工作日内提交上年度客户分类调查问卷；需指定一名负责人。

从这些公司提交的报告中FCA可以了解每家公司的总体客户头寸，也可以分析行业变化趋势，以便于FCA在必要时采取及时并且有针对性的监管措施。

FCA要求,哪怕你的公司上年度收支为0,你也必须完成年度客户分类调查问卷。

4. 常见FCA牌照类型

目前,市场上常见的FCA牌照类型有如下几种:

(1) 直接持牌公司

这一类公司的状态通常显示为"Authorised",像CMC Markets、GKFX捷凯金融、Aetos艾拓思都属于这一类。国内一般将此类牌照称为"FCA全牌"。

在FCA网站的"金融服务注册公司"下输入某一个公司的名字,即可查出该公司的授权情况。

资料来源:FCA。

图1　FCA直接持牌公司

从FCA网站可以看到,这一类公司除了公布其联系人、联系地址、企业基本信息外,最重要的是公布了其业务许可范围,国内用户和投资者尤为关心的业务类型及投资范围FCA都有说明,例如:

资料来源:FCA。

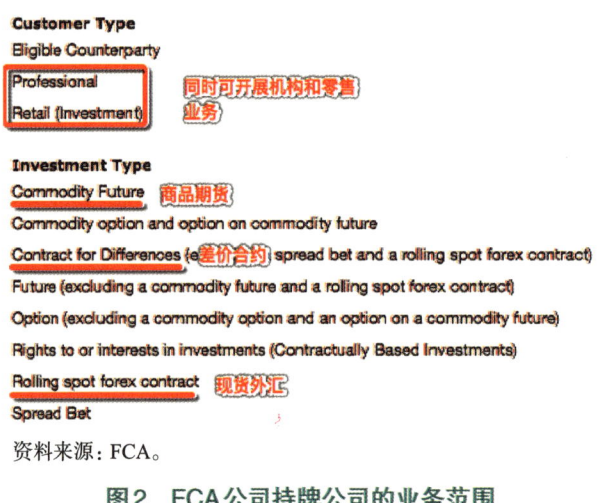

图2　FCA公司持牌公司的业务范围

根据FX168询问从事牌照申请服务公司所获得的数据，FCA直接持牌公司的申请费用约72.5万英镑，申请成功后还需要约200万英镑的保证金，而FCA间接持牌公司申请费用在7万英镑左右，且无需保证金。两类牌照的差距显而易见。

（2）间接持牌公司

这一类公司的状态通常显示为“Appointed representative”，这类公司是可以代表另外一家公司（其授权主体公司）在英国或其他欧洲经济区（EEA）提供指定的产品或服务。授权主体公司对间接持牌公司所有活动负责。国内一般将此类牌照称为“FCA AR牌”。如Westfield Financial Solutions Limited这家公司：

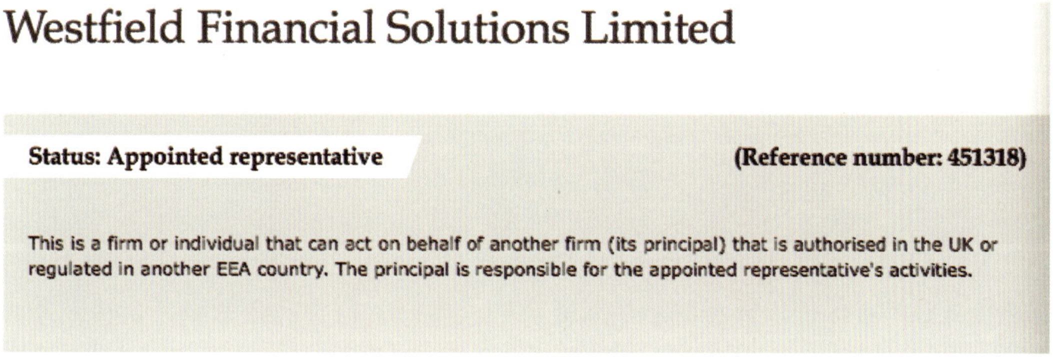
Westfield Financial Solutions Limited

Status: Appointed representative (Reference number: 451318)

This is a firm or individual that can act on behalf of another firm (its principal) that is authorised in the UK or regulated in another EEA country. The principal is responsible for the appointed representative's activities.

资料来源：FCA。

图3 FCA间接持牌公司

对于间接持牌公司，国内用户和投资者在FCA查询时有必要再去确认其授权主体公司的授权状态和业务许可范围。查询方式和显示信息核对和第一类持牌公司一致。

（3）EEA Authorised

这一类公司是受欧洲经济区另外一个国家监管但在英国提供特定服务的公司，如提供投资建议等。欧洲经济区是指欧盟各国外加冰岛、挪威和列支敦士登（Liechtenstein，欧洲中部的内陆小国）。EEA Authorised这一类公司须达到欧洲经济区内各国都认可的最低标准。国内一般将此类牌照称为“FCA EEA牌”。例如：

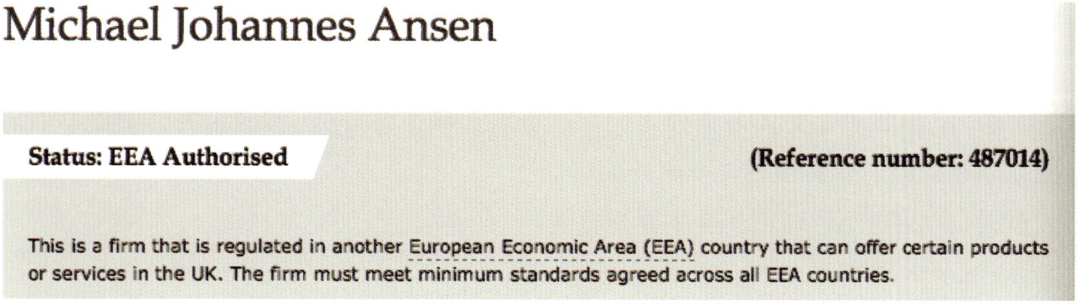
Michael Johannes Ansen

Status: EEA Authorised (Reference number: 487014)

This is a firm that is regulated in another European Economic Area (EEA) country that can offer certain products or services in the UK. The firm must meet minimum standards agreed across all EEA countries.

资料来源：FCA。

图4 FCA“EEA Authorised”类型的公司

（4）其他类型

除了上述3种情况外，我们还可能碰到的状态是"See full details"的情形，这类公司也是受监管公司，可以按要求提供包括投资建议在内的一些指定服务，投资者在核对时需仔细确认其业务范围。例如：

Electronic and Voice Foreign Exchange Limited

Status: See full details　　　　　　　　　　　　　　　　（Reference number: 470325）

This is a firm that is given permission to provide regulated products and services

资料来源：FCA。

图5　FCA "See full details" 类型的公司

5. 赔偿机制

英国金融服务赔偿计划（Financial Services Compensation Scheme, FSCS）是在金融服务公司破产时保护投资者的赔偿服务机构。当FCA监管的金融服务公司破产时，FSCS则会启动赔偿计划，赔偿的范围覆盖到存款、投资等业务范围。FSCS是自2001年12月1日起生效的。

FSCS的赔偿计划有一些限制，一是赔偿额度的限制，投资类的最高赔偿限额是每家公司每人50 000英镑；二是个人投资者通常都会受到保护，但企业不一定，要看具体情形，有可能会得到赔偿（意即多数时候是没有补偿的）；此外，FSCS明确说明海峡群岛或马恩岛的公司不在其赔偿范围内。

6. 关于MiFID Ⅱ

MiFID Ⅱ将于2018年1月3日起生效，英国的金融监管将会发生非常重要的变化。

受MiFID Ⅱ影响的公司应申请接受MiFID Ⅱ的监管，或申请对许可范围进行调整，否则会面临2018年1月3日后不能在英国经营的风险。

申请MiFID Ⅱ监管或变更许可的投资公司，需在2017年7月3日前提交。这是最后提交时间，但FCA表示绝大多数公司提交的资料不够完整，FCA敦促相关公司提早申请，以提高期限到期前保留相关许可业务的可能性。

根据FCA的公示，MiFID Ⅱ主要变化有：

（1）服务和活动上

- 认定经营有组织的交易设施（OTF）为一种新的投资服务；
- 确认背靠背交易（back to back trading）属于自营交易；

- 澄清投资公司在发行金融工具时同意将此工具售出视为代客执行订单；
- 废除在投资建议范围内通过独家渠道发布个人建议需要资质的做法；
- 要求所有金融工具多边交易系统需由认证公司或受监管的市场（RM）经营。

（2）金融工具上
- 排放配额视为新的金融工具；
- 扩充商品衍生品的范畴，尤其是通过有组织的交易设施（OTF）上进行的现金结算的远期合约属于商品衍生品范畴；
- 新增外汇交易为衍生品交易；
- 新增长寿类掉期合约到外来衍生品范围中；
- 英国财政部正在倡导将结构性存款作为一类特殊监管活动来监管，MiFID Ⅱ将此项要求落实到出售或对结构性存款提供建议的公司；
- 在执行MiFID Ⅱ的同时，英国财政部正在将二元期权投资列为差价合约交易的监管范畴。

（3）豁免
- 澄清可豁免的"附带"是指专业金融服务过程中以附带方式提供的金融服务；
- 废除欧盟范围内应用高频量化交易策略在自营账户操作时执行了客户的订单的、且是某一监管市场或多边交易设施的参与者或成员、或可直接进入交易场所的人的豁免权（后两种豁免权的限制也不适用于商业性公司对冲风险的行为）；
- 调整商业性公司在商品衍生品交易或排放配额交易中的豁免权，特别说明只有当这些公司在辅助自身主营业务时才享有豁免权；
- 去除"英国本土"公司在衍生品市场进行自营交易时其交易被市场其他成员清空的豁免权（FCA对认证为投资服务公司的英国本土公司提出了新的要求，即要求这些公司需符合欧盟CRD IV Article 30的资本要求）；
- 按能源法规被认定为能源传输系统运营商的，为能源传输系统运营商提供服务的个人，为能源平衡机制、管道网络或系统工作进而平衡能源供应的企业和个人享有豁免权。

（4）市场解读和应对

嘉盛集团执行副总裁、公司企业发展总监和总顾问Diego Rotsztain在2017亚洲交易博览（ATS）上曾表示，MiFID Ⅱ是欧洲近10年来最重要的新的金融法规，适用于欧盟的投资公司，但对非欧盟客户也具有域外效力。法规对介绍经纪商（IB）有更多的限制，如IB必须持续为客户提供增值服务。在对经纪商的要求上，法规有更多的身份证件信息要求、更严格的交易报告要求等。

另据FX168了解，由于MiFID Ⅱ实施在即，一些公司已由专业法务人员在研究并制定实施和应对方案，也有一些原本持有FCA牌照的公司通过转至其他监管地区来继续提供服务。

（三）澳大利亚证券投资委员会（ASIC）

澳大利亚证券投资委员会（Australian Securities & Investments Commission, ASIC）是澳大利亚独立的负责企业监管的政府部门，职责是执行金融服务法律以保护消费者、投资者和债权人的利益。ASIC正式成立是1998年7月1日，其前身是澳大利亚证券委员会（成立于1991年1月1日），起初的职责范围是养老金、保险和存款方面的投资者保护，2002年拓展到信贷领域，2009年拓展到澳大利亚股票交易所。2010年8月1日开始澳大利亚衍生品交易及期货市场也归于其监管范围之内。不过，近年来，ASIC因不作为和效率低下而饱受批评。

1. ASIC金融服务牌照（AFSL）

在澳大利亚，如果从事下列这些活动，通常需要有ASIC发放的金融服务牌照AFSL（Australian financial services licence）：

- 向客户或公众提供金融产品建议，如建议客户应该购买哪种产品；
- 从事金融产品交易业务，如代客买卖股票等；
- 就某一些金融产品提供做市服务，外汇及金融衍生品做市商即属于这一类；
- 注册进行投资管理方面的业务，如面向零售客户募集资金进行资产管理。

除ASIC规定可豁免的外，其余金融服务提供商按规定需持AFSL牌照，当然，你也可以选择申请有限范围的AFSL牌照，或选择成为AFSL持牌公司的代理，即AFSL代理牌（Authorised Representative，AR牌）。ASIC对两类牌照没有特别偏好，这一点与英国FCA不同，在FCA，Authorised牌照和AR牌照业务授权范围是有所区别的。AFSL持牌商对其授权的代理商的行为全权负责。

已经获准的AFSL直接持牌商或AFSL代理商可通过ASIC网站首页"Search the register"进行查询。AFSL直接持牌商查询后的显示如下：

从上述信息中可以看到企业名字、持牌号、有效日期、ABN或ACN注册号、外部争议

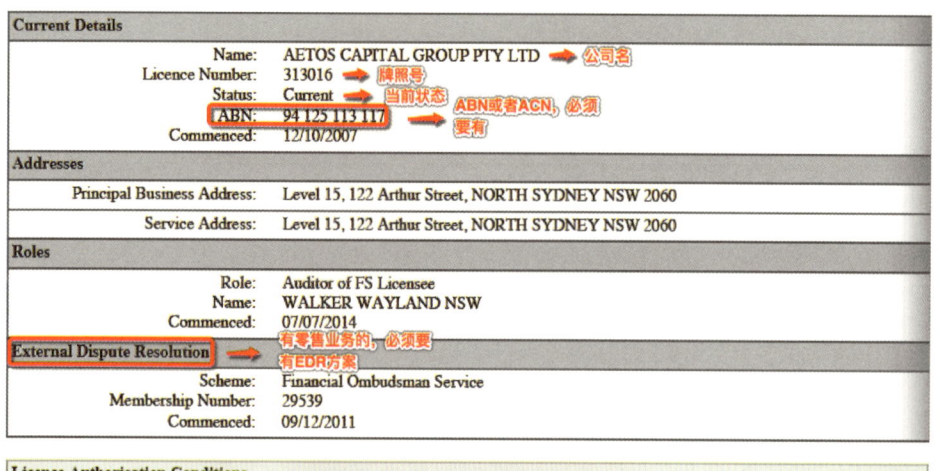

图6　AFSL持牌商信息

解决方案的会员(有零售业务的持牌商)、业务范围等详细信息,这些信息缺一不可。其中业务范围中,如果是外汇经纪商,需确认其是否可以提供外汇相关的金融服务。

2. AFSL牌照的申请条件

申请AFSL牌照的最佳方式是通过ASIC在线申请。ASIC会从以下几个角度考量会否发放牌照:

- 申请人是否具备从事申请范围内金融服务的能力;
- 是否有足够的资源支持申请范围内的业务;
- 是否能履行牌照要求的义务,包括培训、合规、保险及争议解决等。

申请AFSL牌照需具备以下条件:

(1) 需有ABN、ACN或ARBN

如果是个人、合伙人或公司申请AFSL,首先需要有ABN(澳大利亚商业注册证)。如果没有ABN,可登录www.business.gov.au申请。

如果是养老金信托性质的服务,可以是ACN(Australian Corporate Number)或ABN。如果是在澳大利亚的外国企业,需输入ARBN(Australian Registered Body Number)。如果三者都无,则无法申请牌照。

(2) 资金要求

- 外汇交易商资金要求:

在澳大利亚进行外汇合约自营业务,或作为外汇合约交易对手方的,要求有:要么

(a) 1 000万澳元的一级资本;或者

(b) 调整后盈余流动资金:

——50 000澳元,加上

——调整后负债的5%(调整后负债在100万澳元~1亿澳元间的),加上

——调整后负债的0.5%(调整后负债超过1亿澳元的)。

调整后盈余资金最高可以是1亿澳元。

- 持有客户资金或资产的资金要求:

(a) 客户资金需隔离;

(b) 客户资金超过100 000澳元的,调整后盈余流动资金要求不少于50 000澳元(客户资金低于100 000澳元的没有调整后盈余流动资金要求)。

- 与客户进行交易的金融服务提供商的资金要求:

调整后盈余流动资金:

——50 000澳元,加上

——调整后负债的5%(调整后负债在100万澳元~1亿澳元间的),加上

——调整后负债的0.5%（调整后负债超过1亿澳元的）。

调整后盈余资金最高可以是1亿澳元。

已经是外汇交易商的资金要求与持有客户资金或资产的资金要求不重叠。

（3）其他要求

和美国NFA和英国FCA一样，澳大利亚ASIC也要求AFSL持牌公司具有完善的合规管理制度。面向零售客户提供服务的，还需要有争议解决方案等。

（4）AFSL牌照的申请步骤

AFSL牌照可以在线申请，在线填写的信息（表FSO1）包含如下几个方面：

Part A：申请人详细信息、联系人信息、你选择的金融服务类别。

Part B：确保申请人有能力履行义务的问题，申请人需回答这些问题。

Part C：如果在Part A中选择的是复杂的金融服务或产品，此部分将有更多问题需要申请人来回答。

Part D：根据上述几部分的信息和回答，系统将生成一份声明和证明文件，在申请人填写打印的纸质申请材料阶段此声明和证明文件需签字。

Part E：系统将列出申请人需提供的主要文件清单，以及其他需要的证明材料。

至于申请后拿到牌照的时间，ASIC的服务章程规定60天内完成70%的申请案例，ASIC自己表示会努力在120天内完成90%的案例。另据FX168从提供牌照申请服务的公司处获悉，目前华人背景公司申请澳大利亚牌照通过可能性非常低，所以多数都是走收购本地公司的途径来持牌。

3. ASIC收费模式

ASIC从2016年开始就"行业筹资（industry funding）"——按服务收费来覆盖成本的模式进行咨询，并在2017年7月1日开始实施，目前费用标准已经公示，截至2017年年底前为公开意见收集时间。

ASIC将其所监管的企业分为48个小类，通过"平行征收（flat levy）"或"按量征收（graduated levy）"两种方式征收费用来分摊监管成本。

"平行征收"是将某一细分类别下的费用平均分配后征收，"按量征收"是根据企业规模或业务规模来决定承担成本的多少。

每年7—8月，受监管机构需提交其上年度的业务活动数据（第一次收集数据的时间将是2018年7—9月），ASIC则在下一年度1月份下发费用发票（第一次发票发放时间将是2019年1月）。为降低小型公司的负担，ASIC仅在年审费用基础上再加5澳元的费用（第一次征收时间是2018年7月1日开始）。

以下是ASIC公布自2017年7月1日开始的新的收费标准（如表3所示）：

表3　ASIC公布的自2017年7月1日开始的新的收费标准

你 的 目 的	费　用 （2017年7月1日开始的价格）
一、开始设立公司	
1. 选择公司名字	
预定一个公司名字	48澳元
延期预定的公司名字	48澳元
申请首相批准使用公司名字	1 194澳元
申请注册没有"有限"二字的公司名字	395澳元
2. 确定注册公司的性质	
注册成一家澳大利亚股份制公司（Pt 2A.1）	479澳元
注册成一家澳大利亚非股份制公司（Pt 2A.1）	395澳元
已经是Pt 5B.2 Div 2下外资公司要注册成为一家Pt 5B.1下澳大利亚公司	395澳元
尚未在《澳大利亚公司法2001》下注册的要注册成为Pt 5B.2 Div 2下澳大利亚公司	479澳元
在企业协会相关法律下注册的公司要注册成为一家澳大利亚公司	395澳元
在其他法律下注册的公司要注册成为一家澳大利亚公司	479澳元
注册成为资管类公司	2 400澳元
二、保持公司是有效注册和监管公司	
1. 通知更改的文件延迟提交的	
通知更改后1个月内收到的	78澳元
通知更改后超过1个月才收到的	323澳元
2. 财务报告更新	
通过披露非注册公司或实体来提交年报副本的	1 194澳元
申请减免财务报告职责的	395澳元
三、年审相关事项	
1. 年审时间	
为一家或多家公司或注册实体申请更改年审时间的	1～9家公司的,每家39澳元,10家及以上的,每家395澳元
2. 年审费用（通常是公司注册周年进行年审,年审过期2个月未交费的收取延迟费）	
上市公司（特殊情况除外）	1 201澳元
专有公司（特殊情况除外）	254澳元
特殊目的公司	48澳元
注册的资管类公司	1 201澳元

（续表）

你的目的	费用（2017年7月1日开始的价格）
3. 预支年审费用（上述四类公司预支10年年审费的）	
上市公司（特殊情况除外）	9 199澳元
专有公司（特殊情况除外）	1 911澳元
特殊目的公司	359澳元
注册的资管类公司	9 199澳元
4. 年审费用延迟提交的延迟费	
逾期1个月内的	78澳元
逾期超过1个月的	323澳元
5. 延迟提交材料的延迟费	
逾期1个月内的	78澳元
逾期超过1个月的	323澳元
6. 年审报告发布后有变更的延迟通知费（5和6可重复收取）	
逾期1个月内的	78澳元
逾期超过1个月的	323澳元
四、企业状态变更（其他情况不收费）	
更名	395澳元
修改企业类型	78澳元
五、外国公司	
申请注册为外国公司	479澳元
申请变更财务报告	1 194澳元
六、金融服务	
1. 金融服务牌照（AFSL）	
个人牌照在线申请	914澳元
企业、合伙人公司牌照在线申请	1 643澳元
个人牌照线下申请	914澳元
企业、合伙人公司牌照线下申请	1 643澳元
变更牌照条件在线申请	274澳元
变更牌照条件线下申请	323澳元
企业、合伙人公司申请牌照豁免权	323澳元
个人申请牌照豁免权	179澳元

(续表)

你的目的	费用 （2017年7月1日开始的价格）
2. 金融服务牌照（AFSL）持牌公司财务报告及审计事宜	
企业、合伙人公司提交财务报告	608澳元
个人提交财务报告	249澳元
提交审计报告	无需收费
持牌公司或持牌人审计公司变更通知	39澳元
3. 金融服务牌照（AFSL）持牌公司财务报告及审计事宜	
向ASIC申请某一"金融产品"为非"金融产品"	479澳元

从表3信息中我们可以看到，ASIC注册并持牌的公司的费用有一次性费用，如公司注册费用，也有定期费用，比如每年年审费用，还有变更费用，涉及注册公司或持牌人相应变更的不少类目都是需要收费的。当然还有延迟提交应提交或应告知事项的惩罚性延迟费用。

4. ASIC争议解决及赔偿机制

前面已经提到，申请AFSL牌照的公司需要有"争议解决"方案。"争议解决"分"内部争议解决"（Internal Dispute Resolution，IDR）和"外部争议解决"（External Dispute Resolution，EDR）。当争议发生时，AFSL持牌公司首先是通过IDR方案与客户直接沟通解决，如客户对此不满意，可以寻求EDR方式进行申诉。启用EDR申诉方式时还是优先用免费但可确保独立的方式解决，如不行可提起诉讼，但费用会很高。所有AFSL持牌公司（有零售业务的）都必须参与ASIC认可的EDR解决方案"金融监察员服务（Financial Ombudsman Service，FOS）"，这是一项强制规定。

EDR可帮助客户：
- 解决争议（通常还是通过沟通和调解方式解决）；
- 让争议双方提供更多信息进而解决双方争议；
- 做出对AFSL持牌商有约束力的决定，如遭受损失可能获得赔偿。

需要注意的是：
- 在EDR解决争议时ASIC只能扮演监督和引导的角色，不能干预过程，争议的解决是由EDR方案提供方如FOS直接处理；
- 赔偿时有赔偿限额规定，FOS证券或金融衍生品投资赔偿上限是150 000澳元。

第5部分

境外主要外汇经纪商运营数据及动态

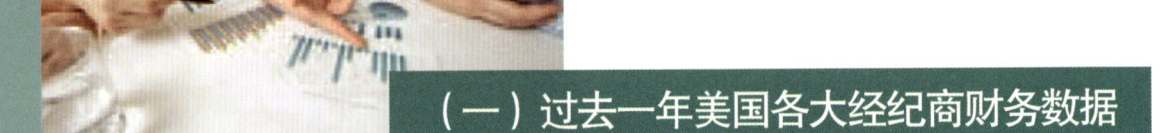

（一）过去一年美国各大经纪商财务数据

FX168通过美国商品期货交易委员会（CFTC）公布的数据分析了2016年7月至2017年6月各大经纪商的财务情况，从这些数据中可以看出行业经营的近况。虽然福汇退出美国市场事件冲击力巨大，但各大公司总体上依然平稳运营。

表1　各大经纪商2016年7月至2017年6月财务数据

机构		2016年下半年月末零售客户资金量；单位：美元					
	中文/简称	7月	8月	9月	10月	11月	12月
Forex Capital Markets	福汇（FXCM）	173 920 320	176 508 820	180 555 585	175 572 998	178 375 472	178 977 382
OANDA Corporation	安达（OANDA）	126 267 004	135 016 717	131 618 072	133 771 911	134 087 268	134 545 221
Gain Capital Group	嘉盛集团	130 422 644	129 493 930	130 430 508	127 661 648	129 889 181	128 503 549
Interactive Brokers LLC	盈透	34 556 079	32 956 929	27 683 730	35 288 072	30 753 727	33 452 977
TD Ameritrade	TD Ameritrade	44 350 905	45 513 974	48 301 551	48 012 412	50 575 904	50 261 654

第5部分　境外主要外汇经纪商运营数据及动态

机构	中文/简称	\multicolumn{6}{c}{2017年上半年月末零售客户资金量；单位：美元}
		1月	2月	3月	4月	5月	6月
Forex Capital Markets	福汇（FXCM）	183 422 554	退出美国市场	退出美国市场	退出美国市场	退出美国市场	退出美国市场
OANDA Corporation	安达（OANDA）	134 545 222	147 849 819	161 560 026	169 812 664	172 616 658	171 815 977
Gain Capital Group	嘉盛集团	126 888 959	271 410 137	272 197 721	265 090 368	261 685 887	260 492 683
Interactive Brokers LLC	盈透	36 585 526	33 633 836	32 909 904	32 508 933	38 794 780	38 914 467
TD Ameritrade	TD Ameritrade	50 972 744	54 476 510	57 082 986	57 345 923	60 788 701	59 770 708

注：福汇于2017年2月被逐出美国市场。

机构	中文/简称	\multicolumn{6}{c}{2016年下半年月末净资本；单位：美元}
		7月	8月	9月	10月	11月	12月
Forex Capital Markets	福汇（FXCM）	52 890 093	50 282 674	49 543 484	50 901 175	50 604 403	51 159 939
OANDA Corporation	安达（OANDA）	92 154 657	77 649 778	76 451 320	72 876 806	77 932 385	68 155 265
Gain Capital Group	嘉盛集团	39 245 735	39 914 565	40 724 745	40 774 950	41 105 713	46 538 223
Interactive Brokers LLC	盈透	3 055 692 431	3 116 297 946	3 217 189 280	3 229 288 662	3 281 148 359	3 254 525 496
TD Ameritrade	TD Ameritrade	113 415 121	115 755 758	117 206 443	73 108 823	120 654 688	122 325 029

机构	中文/简称	\multicolumn{6}{c}{2017年上半年月末净资本；单位：美元}
		1月	2月	3月	4月	5月	6月
Forex Capital Markets	福汇（FXCM）	47 356 880	退出美国市场	退出美国市场	退出美国市场	退出美国市场	退出美国市场

(续表)

机构		2017年上半年月末净资本；单位：美元					
	中文/简称	1月	2月	3月	4月	5月	6月
OANDA Corporation	安达（OANDA）	72 513 966	69 862 480	67 702 895	68 835 650	79 283 187	77 562 048
Gain Capital Group	嘉盛集团	44 416 100	50 712 422	43 579 557	44 704 381	43 787 404	44 322 319
Interactive Brokers LLC	盈透	3 289 976 581	3 300 868 560	3 105 501 166	3 414 107 872	3 663 072 245	3 727 403 779
TD Ameritrade	TD Ameritrade	124 432 888	105 538 105	107 468 399	69 931 348	70 055 914	70 860 542

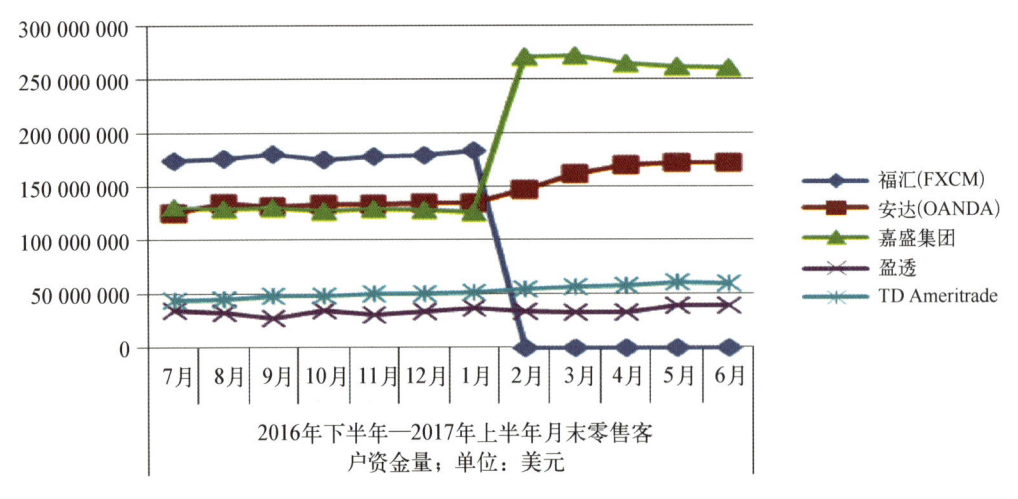

图1 经纪商截至2017年6月零售客户资金量

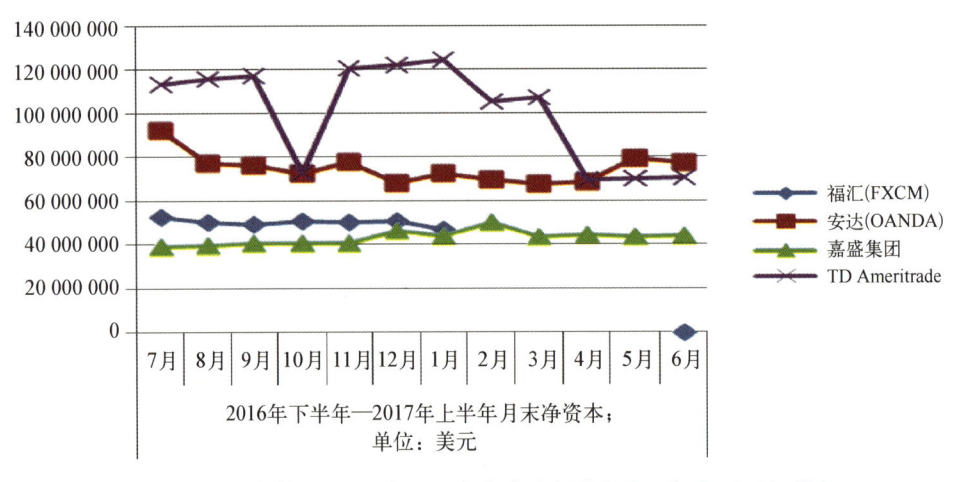

图2 经纪商截至2017年6月末净资本折线图（不包含盈透证券）

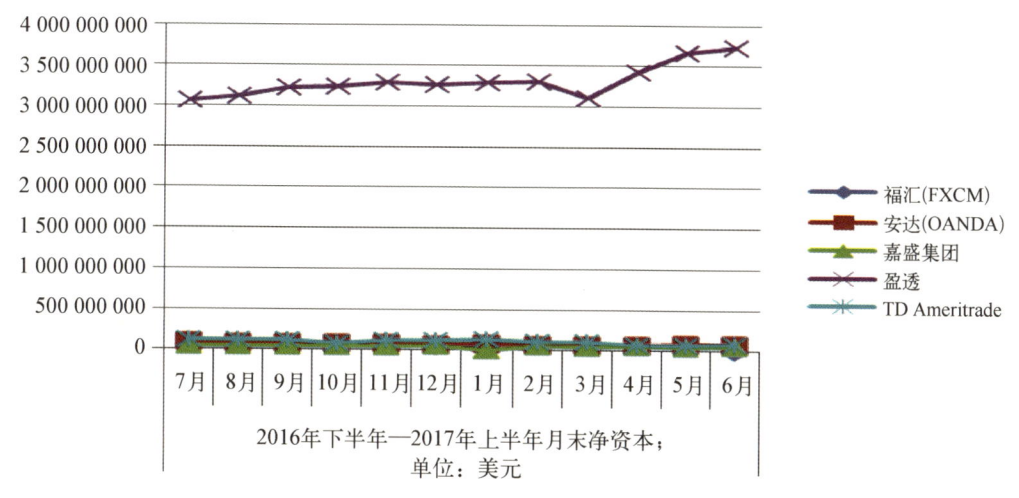

图3 经纪商截至2017年6月末净资本折线图（包含盈透证券）

从以上数据可以看出，业界领先的综合零售交易平台运营商福汇集团（FXCM）在客户资金方面呈现出较大的波动性，从2016年7月的1.88亿美元震荡下滑至约1.75亿美元；另一项财务数据也表现出一定程度的波动性，虽然历经一年过后仅小幅下降了约250万美元，但2016年晚些时候一度大幅下挫至4 100万美元，而2017年1月份则一度大幅攀升至6 000万美元上方，随后震荡下滑。

纵观行业数据"底牌"，整体上，福汇被逐出美国市场事件令外汇行业受到冲击，但主流平台均较为顺利地熬过了这一非常时期，福汇集团也表现出了一定的韧性。

（二）上市外汇经纪商知多少：欧、美、日三分天下，中国凤毛麟角

全球有数量众多的外汇经纪商，而其中已上市的外汇经纪商却不甚多。以下为按照市值标准对全球主要上市外汇经纪商所作出的排名：

表2　全球主要上市外汇经纪商市值排名

上市公司名称	截至2017年5月18日每股价格	总股本（百万只）	总市值（亿美元）
TD Ameritrade	36.24美元	528.06	193
盈透证券	34.34美元	67.99	139.5
IG Group	557.12便士	366.98	26.44
GMO Click	767日元	118.81	8.2
Plus 500	478.21便士	114.89	7.11
Monex Group	268日元	280.59	6.77
CMC Markets	128便士	288.10	4.78
瑞讯银行	27.10瑞郎	14.9	4.24
嘉盛	5.77美元	47.68	2.78
X Trade Brokers	6.80波兰兹罗提	117.38	2.21
Alpha FX Group	363便士	32.76	1.54
Money Partners	500日元	31.77	1.52
昆仑国际金融	0.455港元	2 030	1.17
Hirose Tusyo Inc	1 656日元	6.14	0.93

(续表)

上市公司名称	截至2017年5月18日每股价格	总股本(百万只)	总市值(亿美元)
Invast Securities	1 244日元	5.87	0.66
London Capital	3.10便士	379.53	0.16
Global Brokerage(福汇母公司)	1.90美元	6.14	0.12

上表以总市值大小为顺序排名。关于美国市场,2017年2月,长期占据美国市场最大份额的福汇在因查出隐瞒做市商身份后,被迫退出美国市场,并把外汇客户资产转卖给了嘉盛。因此,目前嘉盛集团成为美国最大的外汇经纪商,市场份额超过50%。目前,美国零售外汇市场仅剩下嘉盛、安达、盈透证券和TD Ameritrade四家零售外汇券商。

不过,与其他主要外汇经纪商不同的是,虽然盈透证券在排名中名列第二,但其大部分营收都是来自于股票与期货经纪服务,所以它的外汇部门相比其他外汇经纪商的规模并不算大。

另外,提到美国外汇市场,就不得不提曾经的行业龙头老大福汇。福汇因其现有股价不满足纳斯达克对于上市企业最低市值的要求,恐将面临退市风险。据悉,福汇的股票代码曾是FXCM,但为了减小股价继续下滑的风险,其更名为Global Brokerage。另外,在2015年初福汇因瑞士央行取消汇率上限,瑞郎涨幅太大震荡全球外汇市场,其客户遭受了巨额的损失,其股票总市值也在当时出现了断崖式暴跌。

同样曾出现过断崖式暴跌的还有外汇经纪商Plus 500,因英国金融市场行为监管局(FCA)在2015年5月对其进行反洗钱调查以及客户资料审查,Plus 500英国客户的账户被一度冻结无法交易,其股价创下了数分钟下跌39%的记录。

回看英国外汇市场的震荡历史,在2016年12月底,英国金融市场行为管理局(FCA)对外汇市场的杠杆戴上了紧箍咒,宣布针对提供二元期权、差价合约(CFD)、外汇等交易产品的零售经纪商将执行更严格的监管。其中包括要求经纪商停止所有用来招揽客户的赠金政策、公开客户账户盈亏比例、经验不足的新客户最高杠杆不超25倍、零售客户最高杠杆设为50倍等。设置50倍杠杆等新政策给英国外汇行业带来极大冲击,其中IG group、CMC Markets、Plus500股价也应声分别下降了38.36%、37.64%、28.28%。

按照总市值大小的顺序排名来看,上市的英国外汇经纪商有IG Group、Plus 500、CMC Markets、Alpha FX Group和London Capital Group。其中有意思的是,Alpha FX Group是2017年4月7日才在伦敦交易所上市的外汇经纪商。

同时上榜的欧洲外汇经纪商还有瑞讯银行(Swissquote Group)和波兰的X Trade Brokers。欧盟外汇市场的特点在于成员国之间持有任意一国牌照的经纪商即可自由在其他市场运营,不过欧盟的监管相对严格,所有经纪商需遵守MIFID法规。

说到邻国日本,其外汇市场规模一向表现抢眼,从排名单上标注成黄颜色的上市公司皆是日本外汇经纪商这一点就可看出其规模之大,不过日本本土的外汇经纪商还是以主攻本国市场的为多。此次上排名榜的日本外汇经纪商公司有GMO Click、Monex Group、Money Partners Group、Hirose和Invast Securities。

俄罗斯方面,其正在逐步规范外汇市场,在俄罗斯获得外汇交易牌照的公司目前共有8家,分别是InstaForex子公司FixTrade、Alpari、PSB-Forex、ForexClub、俄罗斯银行巨头VTB和其子公司VTB24Forex、FINAMForex、TeleTrade以及TrustForex。

最后,中国唯一上榜的外汇经纪商有昆仑国际(KVB Kunlun,中信证券2015年1月通过收购实现控股),其于2013年7月3日成功登陆香港交易所创业板块。

第6部分

国际外汇市场综述

（一）浅析2017年美元指数

自从2016年11月美国大选以及2016年底美联储加息之后，美元指数短期强势拉升突破盘整21个月（2015年3月—2016年11月）的宽幅震荡箱体上轨100.51关口后，最高达到103.82。相信全球的大部分投资者当时都认为2017年即将开启一波美元牛市。但出乎意料的是，从月线级别来看，突破后的第三个月收盘价却再度回落至之前的箱体内。清晰的假突破及诱多出货的形态带来了2017年一波连续半年的急速下跌，且跌破了21个月的盘整箱体的下轨91.92。此轮跌势被很多人解读为加息利好兑现，利多出尽即为利空，但真是如此简单吗？其实下跌的原因较为复杂，我们可以从以下三大主要本质角度得以解析。

第一个原因来自于经济数据并不乐观。自从2016年及2017年多次加息后，原本为了防止连续几年的量化宽松政策带来的潜在通胀问题，美联储2014年退出QE后，领先全球其他经济体最先开启加息周期，但却导致某些经济数据逐减走缓。消费者物价指数自从2017年3月开始持续低迷，4月、6月和7月连正值都不到；非农数据也并非稳定，就连8月的非农就业也再次大跌眼镜，数值为15.6万人，低于前值（18.9万人）并低于预期（18万人），美国近年来号称的恐怖数据的零售销售数据，近几月相对2017年3月15日加息之前也持续走弱，6月以及7月数据也为负值。因此美联储若频频加息是否过多限制了经济复苏的问题开始得到滞后性的暴露，导致了2017年美元指数没有经济增长的推动力而走向萧条。其次,媒体频频言论政治不稳定的潜负面消息也是影响到美元指数进入深度调整的一个重要因素。无论是"媒体公认"的"不靠谱总统",还是"通俄门",或是税改方案迟迟没有得到实质性的确认,以及2018年美联储主席换任的不确定因素都为这半年多美元带来了不确定性。但笔者认为,从长期来说,汇率对于一个国家最终只是为了达到国家政治目的和调节经济周期的一种工具而已,对于投资者是很难主观臆测的。汇率就好比天平秤,来权衡各种国家战略利益关系,并且政府需要货币处于强势或是弱势,往往可以通过媒体的力量来调控市场参与者的情绪波动。

另外,美元指数的下跌归根到底也同时由于欧元的强势所导致。众所周知,欧元对美元指数的权重是最大的,占比57.6%,因此欧元连续的底部强势反弹也带来了对美元指数的冲击。那么研究美元指数的同时,我们必须了解欧元强势反弹的根因。近半年内,由于欧洲的经济指标不断得到复苏,同时市场时不时地透露出对于欧央行即将退出量化宽松的传言及预期,这一系列信息面直接推动了欧元的超跌反弹。同时全球其他经济体都在传言加息预期,且加拿大央行2017年7月及9月已加息两次,各25个基点至1.00%的利率,那么投资者需要推敲的是全球货币紧缩周期的启动是否会暂时淡化美联储早已开启加息周期的亮点,或者说是市场已经对于美联储加息周期产生的"审美疲劳"。

目前美元已经跌至重要生命关口附近,投资者到底应该如何判断美元的趋势?笔者只有引用华尔街常用的一句话:Let price tell you what to do!(让价格来告诉我们该怎么办)。当谈到价格走势,我们势必离不开道氏理论(Dow's Theory)中最经典的两句话:趋势一旦形成,很难再改变;趋势一旦反转,很难再保持原有趋势。如果这个理论假设前提是成立的(趋势反转时颈线被突破的确认性和趋势方向阻力突破的顺势延续性),那么势必要从美元指数的大级别(月线)来观察到底主要趋势是看底部反转还是顶部反转。从下方美元指数月线图,投资者可以很清晰地识别美元指数在2014年12月的收盘价确认主要趋势的大底反转,有效突破长期底部颈线89整数水平关口,开启了一波猛烈的上升。接着又在2015年1月收盘大阳线突破了2004年5月和2005年11月反弹双顶的92压力位。对于此次突破,2015年8月及2016年5月完成了两次回踩确认的动作。如今本轮深度回调是第三次形成回踩确认的意图。通过技术面经典分析的顶底转换理论(极性转换):原来的顶突破后成为后期的底部,只要美元指数处于92的重要关口,必然会吸引更多的买盘。吸引买盘增加的原因有三:(1)对于之前上涨踏空的市场参与者,有任何回调到这个转换空间的机会将有抄底的意愿;(2)对于2015年1月的大阳突破时,多头资金会尽可能维护并防守多头头寸长线立场;(3)2017年顶部103.82形成的大量抛压进入深度调整后,跌回92的关键突破口,空头资金往往会获利回吐产生美元指数相对低位的惜售。因此,对于美元指数的走势,用最简单的价格走势分析,只要在92关口形成了月线级别的

K线止跌信号或K线反转信号,那么就大大增强长期看涨的信号。因此,对于美元的长期多头们目前不必过于悲观。但是在概率上也有另一个极端的风险,就是92关口无法守住,且月线级别连续收盘价深度跌破,那么刚才所提到的极性转换口的支撑力度即将失效。投资者们一旦明白这个关口的重要性,需要及时调整策略立场来应对市场的极端变化。更进一步说,截至2017年10月,此轮下跌至92关口附近,连续三个月的收盘价(7月至9月)仍旧在92上方。这里已明显显示下跌动能的衰弱以及美元多头的对抗。92关口附近这个价位是大级别的支撑区域,如果通过月线级别、季线级别甚至年线级别的收盘价来确认该支撑的有效性,那么2017年的次要趋势折返即将结束,并且在2018年有希望再次恢复美元指数在主要上升趋势中延续。

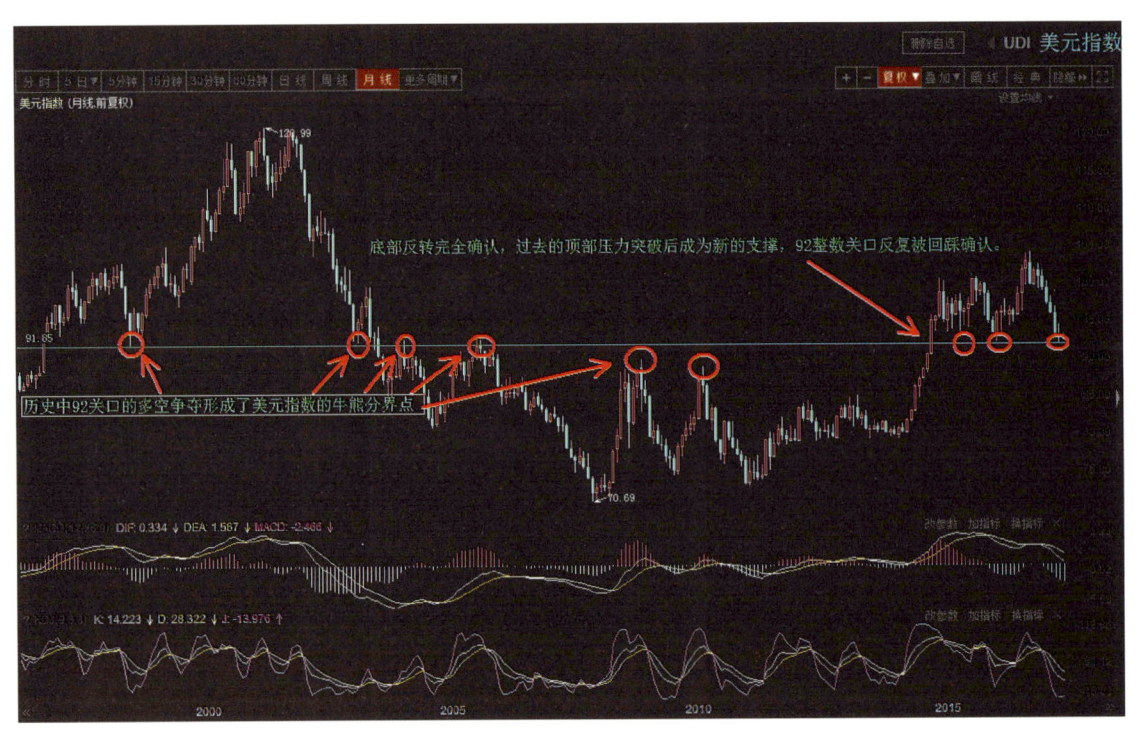

图1　美指月线走势图

对于2017年第三季度以及2018年市场的行情展望来看,市场参与者需要有足够的敏锐度等待市场走势来验证是什么样的基本面或信息面能够维护美指在92关口附近止跌企稳的逻辑。在目前市场展望中,以下几点假设能够回答上述问题:

(1)2017年所剩最后一季度,美国的经济数据是否能够在第四季度周期性转好?每年第四季度往往是全年的大消费季度,如果经济数据转好又能再次提高2017年底持续加息的信心,这是对于利好美元的第一个前提。

(2)美国税改新方案是否真的能够拉动长期资本投资,促进消费增长?如果新税改方案带来中产阶级的可支配收入的提高,并通过财政政策拉动投资,那么对于2018年的经济预期必然利好美元。

（3）对于2018年的美联储新上任的主席，是偏鸽派还是鹰派？如果在上面两点都能带来美国经济的进一步回暖且加速，那么无论是谁就任美联储主席都会大概率继续维持长期加息通道。

（4）另一方面，欧洲央行是否具备足够的经济持续复苏的实力，且2018年退出量化宽松提案是否能够兑现（退出量宽对欧元的利好会通过欧元在美元指数中的权重而打压美元）？这一系列的问题还是最终交给市场来说话，而价格走势中的客观分析才真正可以辅助投资者们对基本面信息公布后，应对多变的市场行情而采取相应措施。

FX168财经学院金融培训师　戴翀

2017年9月

（二）欧元——护航欧元区经济的稳定，超级马里奥殚精竭虑

2017年1月到9月，德拉基领导的欧洲央行历经欧元区恐分崩离析、美联储加息的虹吸效应，以及欧元区经济增长可能受损的三大考验。从欧元/美元技术面看，市场对超级马里奥的工作较为认可：汇价除2月和9月收阴，其余月份皆保持稳健、强劲的单边上行态势（表1将2017年1—9月实际走势与自2010年以来1—9月实际走势相对比，单位为点数）。

表1 欧元/美元2017年1—9月走势，与自2010年以来1—9月走势的对比

时间	1月 收盘-开盘	2月 收盘-开盘	3月 收盘-开盘	4月 收盘-开盘	5月 收盘-开盘	6月 收盘-开盘	7月 收盘-开盘	8月 收盘-开盘	9月 收盘-开盘
2017	287.4	−221.2	81.4	241.9	332.7	176	423.6	67.1	−172
2016	−36.5	42.9	505.5	73.5	−328.6	−25.2	71.2	−17.4	−11
2015	−822.7	−112.9	−448.9	487.2	−229.2	153.5	−153.1	232.3	−33.6
2014	−274.1	317.1	−5	97.1	−231.8	58.3	−301.9	−252	−498.5
2013	380.7	−521.5	−237.1	362.5	−170.2	16.1	289.6	−81.9	314.1
2012	144	241.5	15.6	−124.1	−876.6	296.3	−372.2	272.2	281.2
2011	346.1	112.5	351	652.9	−422.5	109.2	−104	−3.6	−983.2
2010	−437	−248	−115	−197	−1 053	−67	795	−383.5	954

从表1可见,欧元/美元在2月的颓势,在3月即止步,此主要归功于欧央行3月议息会议中,德拉基对经济、货币政策前景的正面展望。4月、5月、6月汇价稳步、强势的上行,则主要依赖法国大选中,中间派马克龙击败极右翼勒庞,与荷兰首相吕特携手,断了欧洲民粹主义、欧元怀疑论者的念想,于危势之中扶稳欧元这面大旗。随后,在美联储6月完成年内第二次加息的情形下,欧元/美元的7月强势(其波动明显大于近年的同月份数据),与欧央行主动释放偏鹰态度、防范资金被虹吸出区外的干预有很大关联。汇价在8月和9月的调整,一方面源于美国数据持续无法对耶伦等官员的偏鹰观点进行支撑(欧央行跟随收紧政策的压力减轻),另一方面欧央行决策者意识到,持续高企的汇率无益于欧元区的出口,亦抑制了仍旧低迷的通胀。

2017年3月9日,欧央行宣布维持当前政策不变,德拉基表示:至今的宽松货币政策效果显著,通缩风险基本消除,进一步降息的概率下降。此外,市场亦有两大消息流传:(1)部分决策者曾讨论,在结束量化宽松前即进行加息;(2)对非常规刺激政策的退出时点、沟通方式进行了讨论。对此,投资者为之振奋。因为欧央行此番表态的背景是,为解2015年美联储欲进入加息周期,可能导致欧元区通货紧缩的担忧,欧央行于当年的3月启动货币宽松;其后,基于通胀仍未达到2%的目标,于2016年3月更是下调三大基准利率。我们认为,上述两大传言更像是为随后的荷兰、法国等国大选,营造积极氛围的烟雾弹,因为即使至当前时点看,结束量化宽松前即加息的可能性微乎其微,而何时决策缩债则已被推至秋季。本次会议结束后的数天,被视为欧洲民粹主义情绪试金石的荷兰大选开启,欲复制特朗普式逆袭的反伊斯兰、反欧盟竞选人威尔德斯最终未能当选,令其他年内将举行大选的欧元区国家暂缓心气。

民粹主义情绪的暂缓令欧央行宽慰,决策者的焦点开始回归经济本身。基于欧元在3月的一度走高,可能损及出口,以及持续走高的货币收紧预期,引发投资者对欧元区二线国家借款成本飙升的担忧,欧央行开始入场进行干预。知情者首先披露,欧央行决策者对市场预期2018年升息的消息表示吃惊;随后,欧央行官员诺沃特尼的讲话对此进行了佐证,其表示决策者未有过早加息的意图,投资者不应过度解读。

然而,时至4月下旬,随着马克龙击败勒庞的情势逐渐明朗,市场风险情绪疯狂回归、欧元持续强势上行。即使德拉基于5月10日在荷兰发表偏鸽讲话,市场仍不见退缩(德拉基表示,潜在通胀仍受抑制,维持目前极度宽松的货币政策仍有必要,欧央行不急于缩减购债、加息)。可能忌惮于美联储的同月会议,欧央行在6月8日的议息会议上鹰、鸽参半:一方面删除了"进一步降息"的表述,另一方面未来三年的通胀预期被下调,且德拉基称若有必要,仍可下调利率。

随着美联储在6月挟年内第二次加息,以及年内仍有一次加息和很快缩表的鹰派观点袭来,叠加德国对欧央行货币宽松的批评,德拉基一改此前对收紧政策的迟疑,其于6

月27日发表讲话称,通缩力量已被再通胀压力取代,欧央行需渐进调整政策。市场人士认为,此言或标志欧元区减码货币宽松的开启。在7月20日的欧央行会议上,德拉基明确表示,将在秋季进行有关缩减购债的讨论和决策。亦有知情人士称,欧央行职员已在研究削减购债的多个选项。投资者认为,德拉基并未对持续走强的汇率进行口头打压,多头获得了进场的绿灯。

然而,待7月议息会议纪要公布,投资者却发现此前担心的汇率走高,引发决策者警惕的担忧终摆上桌面,叠加美联储9月议息会议维持强势,以及特朗普税改计划的公布,欧元/美元进入回调氛围。欧央行7月议息纪要显示,欧元的持续走强,可能会破坏此前因货币宽松所创造的有利金融环境,且表达了高汇率对通胀的抑制,以及对出口竞争力打击的担忧(欧元区最大经济体德国的命脉)。

关于欧元/美元后市,从技术面看,欧元当前已升至月线级别牛熊分水岭1.200 0整数关口。若汇价能有效站上该位置,该货币对的上行空间将被打开;若未能进行有效突破,后市恐面临震荡、下行的格局。从基本面看,欧洲央行官员诺沃特尼的言语,基本代表官方对当前经济状况的看法,其表示欧元目前汇价接近问世时的水平,市场无需过分夸大欧元的强势(市场人士认为1.200 0可能为红线)。市场人士则认为,自汇率达到两年以来的高点,欧元/美元遭口头干预引发获利回吐的风险如影随形。此外,美元退守92关口、美联储基于金融稳定坚持加息、特朗普税改进入视野等,皆是判断欧元/美元未来走势需持续考虑的重要因素。

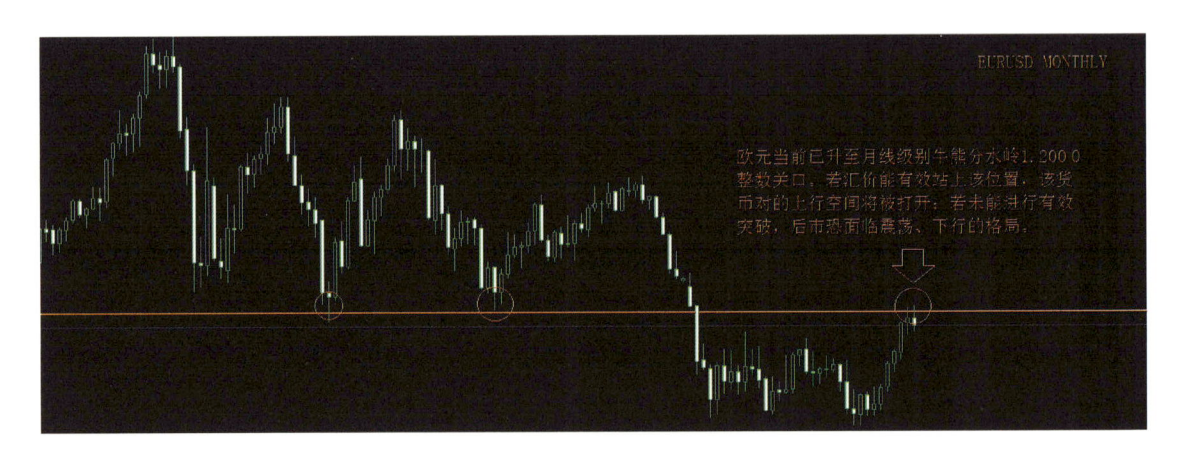

图2　欧元/美元月线走势图

（三）日元——经济面与货币政策的分化，美元/日元中长期看多

自2017年初以来，美元/日元基本面维持中长期偏多，但技术面却陷弱势震荡格局。

从基本面趋势看，美元/日元中长期偏向看多，主要基于美国经济领先复苏，且叠加特朗普未来财政政策，进一步刺激经济的预期；货币政策方面，美联储自2016年12月加息以来，业已完成三次加息，且仍维持年内再加息一次的态度。相比之下，日本央行在年内的议息会议皆维持宽松基调，且仍不见退出的任何迹象。

从技术面，美元/日元陷弱势震荡格局（表2将2017年1—9月实际走势，与自2010年以来1—9月实际走势相对比，单位为点数）。

表2 美元/日元2017年1—9月走势，与自2010年以来1—9月走势的对比

时间	1月 收盘－开盘	2月 收盘－开盘	3月 收盘－开盘	4月 收盘－开盘	5月 收盘－开盘	6月 收盘－开盘	7月 收盘－开盘	8月 收盘－开盘	9月 收盘－开盘
2017	−402.4	−0.9	−138.9	13.5	−49.8	164.4	−185.9	−28.2	−21.1
2016	92.9	−852.5	−13.2	−626.6	447.9	−752.1	−111.3	112	−9
2015	−222.5	251.6	45.7	−70.7	475.7	−159	145	−263.6	−133.9
2014	−326.3	−14.7	168.5	−99.8	−47.9	−52.8	148	125.2	546.8
2013	493.3	84	166.5	313.4	300.5	−129	−135.7	23.8	−17.8

(续表)

时间	1月 收盘－开盘	2月 收盘－开盘	3月 收盘－开盘	4月 收盘－开盘	5月 收盘－开盘	6月 收盘－开盘	7月 收盘－开盘	8月 收盘－开盘	9月 收盘－开盘
2012	-67.5	487.7	171.3	-319.5	-150.1	146.8	-171.4	24	-43.6
2011	80.6	-25.1	135.1	-200.5	43.9	-97.7	-379	-56.7	39.8
2010	-273	-104	460	46	-263	-279	-203	-216	-67

从表2可知，2017年1月至9月，除4月和6月外，美元/日元在其余月份皆呈现下行态势。此一方面源于美国虽进入加息周期（自2016年12月加息后，至此共进行了3次加息，且仍坚持年内还有一次加息；亦会很快进行资产负债表的缩减），但低迷通胀和白宫与国会持续角力的政治纷争，目前仍对美指形成拖累（特朗普通俄调查、医改和税改等经济刺激法案在国会的推行等问题）；另一方面年内至今的动荡地缘政治，引发资金频繁进入日元寻求避险（中东的叙利亚问题、朝鲜核危机，以及欧洲选举频现的民粹主义），叠加市场基于套息交易对日元的追捧。

与往年数据相比，近期走势有收敛之势（特别是8月和9月）。从技术面看，美元/日元当前接近盘整区间的下沿（108～116），美指亦位于无路可退的位置（若92关口失守，后市恐进入下行趋势）；从基本面看，近期地缘政治（朝核危机）引致对日元的需求和美国经济（税改、经济数据）消息引致对美元需求的多次反复，亦是该货币对窄幅震荡的原因之一。

关于日元吸引避险资金的情形，市场对此观点有分化。对于朝核危机就在枕边的日本，投资者认为如果危机激化，日元的避险属性将受打击。因此，当前的避险，似乎基于危机不会进一步发展。如果朝核危机仅是美国逼迫日、韩两国就范，在贸易方面做出巨大让步，或是在其他经济方面给与实惠，那么日本在该方面的付出，必定导致其经济在未来承受额外的负担（利空日元）。

总的来看，美元/日元走势仍偏多。一是美国经济已进入加息周期，限于"暂时"因素，美联储虽未能及时兑现加息，但加息意念已定，只欠适宜时机。而日本方面，为了达到2%的通胀目标，其已引入"配合收益率曲线管理的QQE政策"；随着该政策的持续实行，且不见日央行发布通胀稳步回升等乐观态度，可知日央行在收紧政策方面，已远远落后于欧美等其他主流央行：2017年9月日央行议息会议透露，目前离2%通胀目标的达成仍较远，市场认为基于收益率曲线控制的需要，日央行在短期内将避免就缩减扩张性货币政策进行讨论；而新晋的董事会成员Kataoka认为，仍需更多的刺激措施以助通胀目标的实现。从技术面看(见图3),美元/日元9月盘中一度跌破区间108.15～115.50的下沿,但随后即强势重回,显示多头封堵该货币对走下行趋势的意图坚决,但在美国基本面暂不可能根本走强之际,该货币对后市恐陷于上有压力、下有支撑的震荡格局,策略上建议高抛低吸。

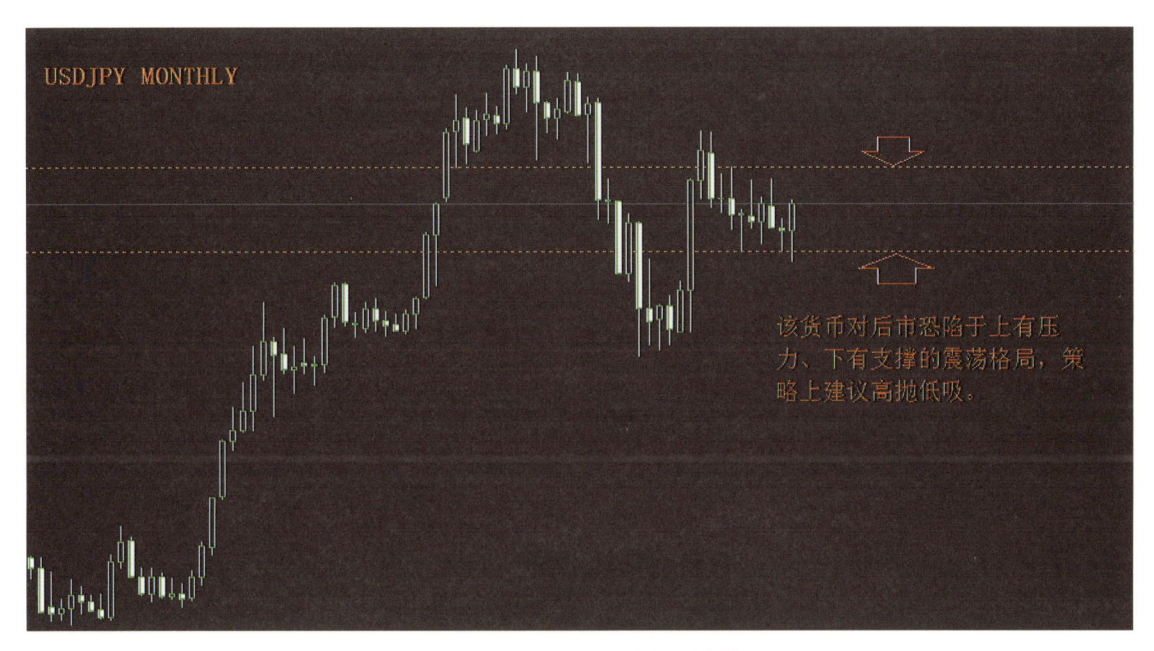

图3 美元/日元月线级别走势

（四）英镑——脱欧如预期般拖累英镑/美元走势？

2017年1月到9月，英国政治面虽遭遇脱欧、悬浮议会等不确定性因素困扰，但英镑/美元的行情却令人惊讶地呈现震荡上行的格局。我们认为，相较于不确定性对汇率的不利冲击，英国政府自始的主动作为，以及英央行对政府意图、行动的紧密跟随（保经济、汇率，亦保政治），是英镑/美元2017年初以来保持稳定、上行的主驱动力（在此期间，美指保持疲弱亦是利多因素）。

基本面方面，市场此前普遍认为，脱欧对双方经济、政治面的不确定性影响，将引发经济、金融市场的暂时性失衡。尤其是英镑，自公投确立脱欧以来，汇价一度跌至近30年来的低点；投资者预计，汇率大幅下跌引发的输入性通胀，叠加GDP、薪资增速的停滞，将令英国家庭在支出方面饱受压力，消费支出的不振亦将对英央行欲跟随其他主流央行，退出货币宽松的意图形成牵制（利空英镑/美元）。

但从技术面看，英镑/美元在1月到9月期间，除2月和8月明显收阴线、5月基本维持外，汇价在其他的5个月份皆呈现强势上行格局；此与其他年份中，汇价的上涨、下跌呈现随机性参半的走势明显有异（表3将2017年1—9月实际走势，与自2010年以来1—9月实际走势相对比，单位为点数）。

表3 英镑/美元2017年1—9月走势,与自2010年以来1—9月走势的对比

时间	1月 收盘-开盘	2月 收盘-开盘	3月 收盘-开盘	4月 收盘-开盘	5月 收盘-开盘	6月 收盘-开盘	7月 收盘-开盘	8月 收盘-开盘	9月 收盘-开盘
2017	248.5	−194.8	173.5	409.5	−43.3	137	211.9	−283.2	617.2
2016	−488.4	−323.9	448.7	247.7	−103.2	−1 170.9	−89.7	−88.3	−168.6
2015	−482.1	343.2	−580.2	519.3	−69.7	420.9	−97.4	−271.6	−217.4
2014	−124.9	306.3	−82.7	211.3	−122.4	344.3	−220.3	−286.5	−377.1
2013	−383.8	−689.1	26.3	334.7	−337.2	13.7	−1.6	286	666.6
2012	263.2	151.9	97.3	226.2	−829.1	300.6	−19	187.8	299.6
2011	425.1	237.5	−228.8	677.1	−261	−395	368.2	−135.7	−673.2
2010	−138.3	−711.3	28	88.8	−776.3	408.6	743.7	−378.2	368.1

英国国内的政治稳定、团结,叠加英央行的紧密配合,是英镑/美元在2017年1月到9月稳步上行的坚实保障。英镑/美元在2月走软,在3月即受支撑上行,主要源于3月的英央行利率会议,闪现自去年7月以来的首次鹰派声音——委员福布斯支持加息,理由是通胀正在给家庭支出施加明显的下压。其他委员虽按兵不动,但亦认为加息的来临可能早于预期的时点。市场人士认为,此表明英央行对通胀的担忧,超过高利率对需求的抑制;然而,更值得回味的是,议息会议结束后的月底(3月29日),特雷莎·梅即触发了里斯本条约第50条,此标志英国脱欧正式启动。汇率的稳定一定程度上可减轻政治上的压力;同时,政治的稳定,亦可对汇率形成支撑。

基于保守党支持率大幅领先排名第二的工党(民调显示优势超20%),特雷莎·梅于4月18日声明,计划将在6月8日提前大选。特雷莎·梅表示,保守党若能扩大对议会的控制,权力的集中将对政府的硬脱欧有利:首相曾于1月宣布,英国将退出单一市场和关税同盟,以换取对移民的完全控制。大选提前的消息一出,英镑/美元大涨近400点。

汇价的强势在5月陷入停滞,因该月举行的议息会议上,市场预期的委员桑德斯将跟票福布斯并未发生,且英央行基于当前的通胀水平,对未来的升息时点进行延期(较2月份进行的预估值,推迟了9个月)。另一方面,近在咫尺的大选(6月8日),亦令英央行选择在决策上留有余地。

面对大选陷入悬浮议会、6月19日脱欧双方将进行初步协商之际,英央行于6月15日的议息会议使出大招:桑德斯、麦卡弗蒂果断跟票福布斯。5(不加息):3(加息)超预

期的偏鹰结果,令英镑/美元短线大涨近百点。此外,首相府于6月26日发布公报,北爱尔兰民主统一党与保守党达成协议,组建政治联盟;市场人士认为,保守党在议会虽未占多数,但联合政府可能更偏向于软脱欧。此二者扶助英镑/美元摆脱5月的停滞,在6月成功上行。

在国内政府组建基本可控、脱欧谈判尚未遇阻的情况下,委员们在8月议息会议上重回对经济基本面的关注。基于CPI月率已从2月的高点0.7%下行至6月的0%,通胀压力的减缓令委员们聚焦薪资和经济增长。伴随委员们"退欧正在打压经济"的言语,6(不加息):2(加息)的结果令多头遭遇一击(鹰派委员福布斯任期满、离职),此前稳步上行的英镑/美元终在8月收阴。

进入9月,英镑/美元风云变幻,强势拉升。此主要源于英国8月CPI月率从7月的-0.1%飙升至0.6%;通胀此番上涨,终引发委员们在9月的议息会议表示,其对高于目标的消费者物价增幅的容忍度降低,若经济持续增长、通胀压力持续上升,所有的决策者都认为,利率上调时点可能早于市场的预期。英镑/美元在此言语提振下,升至近1年以来的高点。

关于英镑/美元未来走势,从月线级别看,汇价前期稳步上行,但目前仍受制于1.366 5一线的压制(支撑与阻力转换位、30EMA下压)。该位置压力若被有效突破,英镑/美元方能确认前期底部的形成,后市仍将看涨;若压力久攻不破,汇价可能陷入震荡格局。

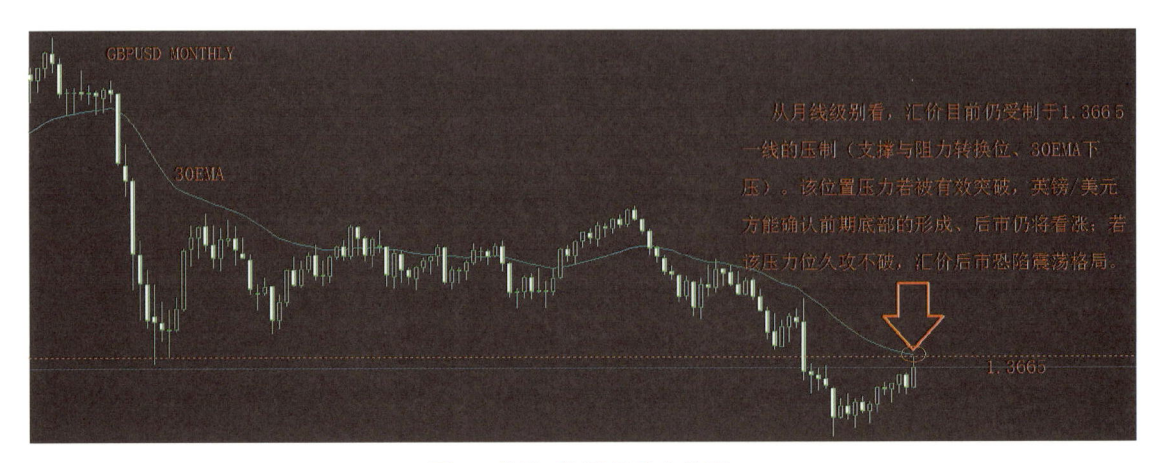

图4 英镑/美元月线走势图

从基本面看,面对低迷的薪资增速和高企的通胀压力,英央行最佳的举措,是在保持汇率企稳(减轻输入性通胀)的情形下,亦不对经济增长造成伤害,因此加息显然不是其首选。我们认为,英央行可能会采取2016年美联储所用的手法,一方面在全年鼓足加息预期,维持汇率稳定;另一方面延迟、降低加息的次数(美联储在2016年预期加息3次,但实际只在12月象征性只加息一次),以减轻高利率对经济活动的抑制。

（五）澳元——在"被加息"中强势上涨

2017年1月到9月，澳元兑美元涨幅接近20%，此一方面源于"特朗普行情"逐渐消退、美元不断走弱，另一方面受益于中国经济复苏引致大宗商品行情的火热，以及澳大利亚自身经济的改善，引发市场预期澳联储货币政策将渐趋紧。

表4列示澳元/美元2010—2017年1—9月的实际走势（单位为点数）。从该表可知，澳元/美元自年初以来的大涨，非一蹴而就，而是历经曲折：1月份的强势上行，紧跟的2月、3月、4月和5月却陷入调整格局，6月和7月上行动能恢复，8月和9月再回震荡行情。

表4 澳元/美元2017年1—9月走势，与自2010年以来1—9月走势的对比

时间	1月 开盘—收盘	2月 开盘—收盘	3月 开盘—收盘	4月 开盘—收盘	5月 开盘—收盘	6月 开盘—收盘	7月 开盘—收盘	8月 开盘—收盘	9月 开盘—收盘
2017	372.5	71.2	−26.3	−137.3	−38.4	256.8	322	−55.6	39.9
2016	−188.3	57.4	515.8	−46	−363.7	218	150.8	−71.9	141.4
2015	−406.8	63.7	−197.4	301.1	−260.7	67.8	−402.4	−196.7	−93.6
2014	−138.5	168.3	364.8	21.9	20.5	122.5	−137.1	44.1	−578.5
2013	45.3	−210.2	203.5	−50	−795.4	−470.9	−128.9	−73.5	376.7
2012	401.1	109.8	−383.4	−17.7	−695.7	510.1	242.8	−174.5	95.1
2011	−228.6	211.4	144.1	631.3	−294.8	52.5	269.6	−46.2	−1 045.8
2010	−421	164	210	90	−777	−47	638	−150	767

澳元/美元在1月的恢弘涨势，其原因可从2月7日的澳洲联储议息会议窥探。本次会议虽维持利率1.5%的历史最低水平，但澳联储基于当前的经济形势表示，未来几年经济增速可达到3%左右，通胀将在2017年后超过2%的目标。关于彼时的经济形势，其表示地产投资者的借款需求强劲，中国经济2017年下半年将加快复苏，大宗商品价格受支撑将促进澳大利亚贸易的好转。

在澳洲经济面持续向好之际，澳元/美元却一度陷入长达4个月的震荡（2月、3月、4月和5月），究其主因可能源于大宗商品在此段时间内的反复走势（澳元具备商品属性的特点）。关于经济状况，3月份公布的澳大利亚2016年第4季度GDP季率上升1.1%，年率上升2.4%，在同期的发达国家经济中处于领先水平，市场据此笃定澳联储降息疑云消散。然后自2017年初以来，铁矿石、铜和铝等大宗商品价格出现三波曲折行情：第一波是1月份到3月份的上涨；第二波是3月份到5月份调整；第三波是5、6月份上升动能恢复。

随着大宗商品在5月恢复动能，叠加澳洲经济面数据的持续强劲，澳元/美元在6月和7月恢复强势水到渠成。关于经济基本面，6月7日公布的一季度GDP季调后季率为0.3%，高于预期值0.2%，此是澳大利亚经济连续第104个季度录得增长，亦追平最长连续增长的世界纪录。7月18日公布的7月会议纪要显示，决策者认为就业增长抵消了由薪资疲软带来的下行风险，中性利率预测值将在3.5%。此番乐观、偏鹰观点推升澳元兑美元升至2015年5月份以来新高。

澳元/美元在6月和7月的强势，终引起澳联储官员的口头干预和市场对澳元加息预期的降温，此促使该货币对在8月和9月重回震荡格局。7月21日澳联储助理主席Debelle称，澳元利率无跟随全球货币政策趋紧的必要。7月26日澳联储主席洛威（Philip

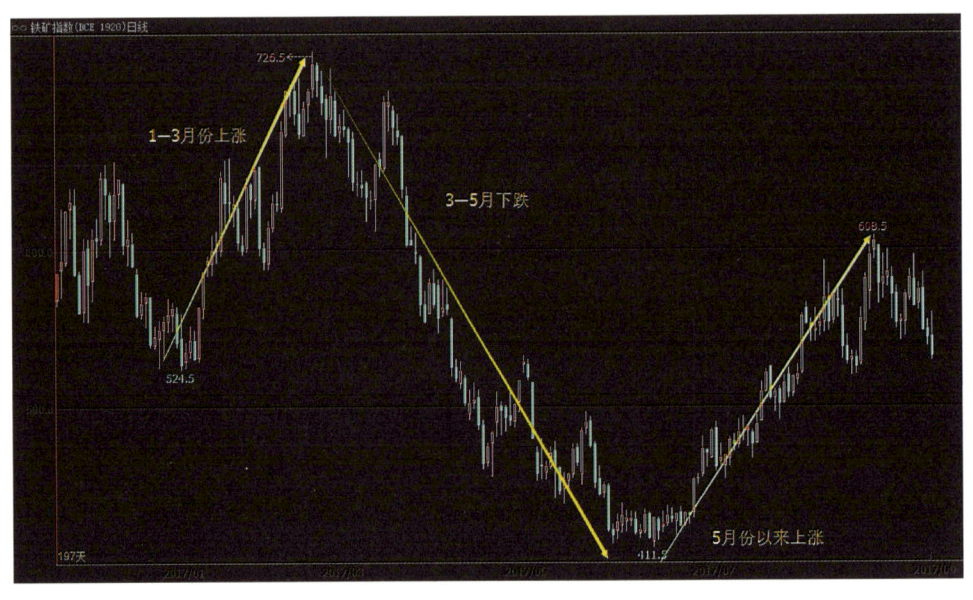

图5　2017年以来铁矿石价格走势图

Lowe)称,薪资成长疲弱、家庭负债多,利率将持续维持低位。而在9月的议息会议上,澳联储更是直言澳元的升值一方面已使产出和就业预期承压,另一方面令经济活动、通胀回升速度低于预估。这已是今年以来澳联储第八次在议息会议提及对澳元升值的担忧。

关于澳元/美元的未来走势,从基本面看:(1)在于美联储货币政策正常化的速度,以及特朗普财政政策能否顺利落地。(2)在于澳联储基于汇率和通胀取舍,而设定的加息步伐。尽管目前澳大利亚GDP表现强劲,但包括工资增长以及通胀在内的一系列经济指标均表现疲软。澳元的持续升值不仅会影响澳大利亚的出口贸易,同时使得进口商品价格下降,进而对通胀产生抑制作用。(3)在于全球大宗商品价格能否延续涨势。2017年下半年大宗商品市场迎来了重要的反转,黄金突破了2011年的下行趋势线压制,标志着为期六年的熊市周期结束。铜冲破重重阻力,创出2013年9月份以来新高。铁矿石收回上半年大部分跌幅,并朝年初高点迈进。随着全球经济重拾增长,以及供需矛盾有所缓解,大宗商品价格涨势有望延续。

从技术面看(见图6),澳元已完成突破、回踩、再突破的动作,上行空间犹存。2016年1月份以来,澳元处于三角形震荡区域之内,价格在0.78附近形成强阻力,多次打压价格回落。2017年7月份,澳元一根大阳线直接上破该压制,并在随后的三周完成了回踩确认的动作,成功完成了在0.78位置的顶底转换。目前价格正测试0.806 0附近的道氏前高,一旦周线级别再次冲破这一高点,澳元便完成突破、回踩、再突破的动作,后市将迎来更大幅度的涨势,目标进一步看向0.845 0(2011年以来下行趋势的38.2%回撤位支撑)以及0.895 0(2011年以来下行趋势的50%回撤位支撑)。

图6　澳元兑美元周线级别走势图

（六）加元——加央行七年来首度加息，加元开启上涨模式

美元/加元在2017年的走势，呈现先扬后抑的特点。从表5可见，1月短暂的弱势之后，该货币对随即进入长达3个月的强势（2月、3月和4月）；从5月开始，美元/加元再入颓势，持续下跌。

加元在2月、3月和4月的走弱，一定程度上可能源于北美自由贸易协定面临废除的压力。同期的加拿大经济数据显

表5　美元/加元2017年1—9月走势，与自2010年以来1—9月走势的对比

时间	1月 收盘－开盘	2月 收盘－开盘	3月 收盘－开盘	4月 收盘－开盘	5月 收盘－开盘	6月 收盘－开盘	7月 收盘－开盘	8月 收盘－开盘	9月 收盘－开盘
2017	−390.2	271	22.1	359.7	−155.6	−534.8	−486.3	6.1	−147.7
2016	157.4	−431.2	−537.3	−454.3	536.5	−168.1	132.1	83.8	12.6
2015	1 101	−196.5	181.2	−605.5	373.2	51.2	603	53.3	170.1
2014	486.9	−51.1	−27.4	−86.8	−111.5	−169.9	237.2	−26.8	322
2013	43.2	334.5	−133.7	−102.1	294.7	145.6	−253.2	254.7	−220.5
2012	−179.2	−130.8	91.2	−80.7	455.4	−160.5	−134.4	−164.9	−43.6
2011	62.1	−292.4	−9.9	−241.4	230.4	−54.1	−79	239.7	726.1
2010	171	−183	−394	4	270	195	−355	368.5	−361

示,1月份的GDP增速年率为2.3%,1月份的失业率降至6.8,且一向备受管控的房地产市场,亦恢复上涨势头,新屋开工、营建许可数据表现靓丽,此为随后月份的经济增长提供良好基础;然而,美国总统特朗普自上台后便签署总统令,宣布退出同亚洲贸易伙伴达成的跨太平洋伙伴关系协定(TPP),并承诺重新谈判北美自由贸易协定(NAFTA),且一度以退出该协定相威胁,此对出口导向型的加拿大经济构成严重危害。4月25日,美国商务部长罗斯宣布,向进口的加拿大软木材新征20%的反补贴税,此提振美元兑加元升至1年以来的高位。

加元在5月出现转机,恢复升势,一方面源于北美自由贸易协定,以谈判暂时消除被废除的窘境;另一方面OPEC与非PPEC国家决定延长冻产协议,对油价形成支撑;最后,无论是基于经济的持续强劲,还是迫于美国的压力,加拿大央行在7月和9月的两次意外升息,令加元步入狂飙之途。

关于原油,5月25日OPEC联手俄罗斯等非OPEC国家宣布,为帮助原油市场恢复均衡,决定将此前为期半年的减产计划延长至2018年3月末。油价受此利多消息刺激,企稳于42关口上方。

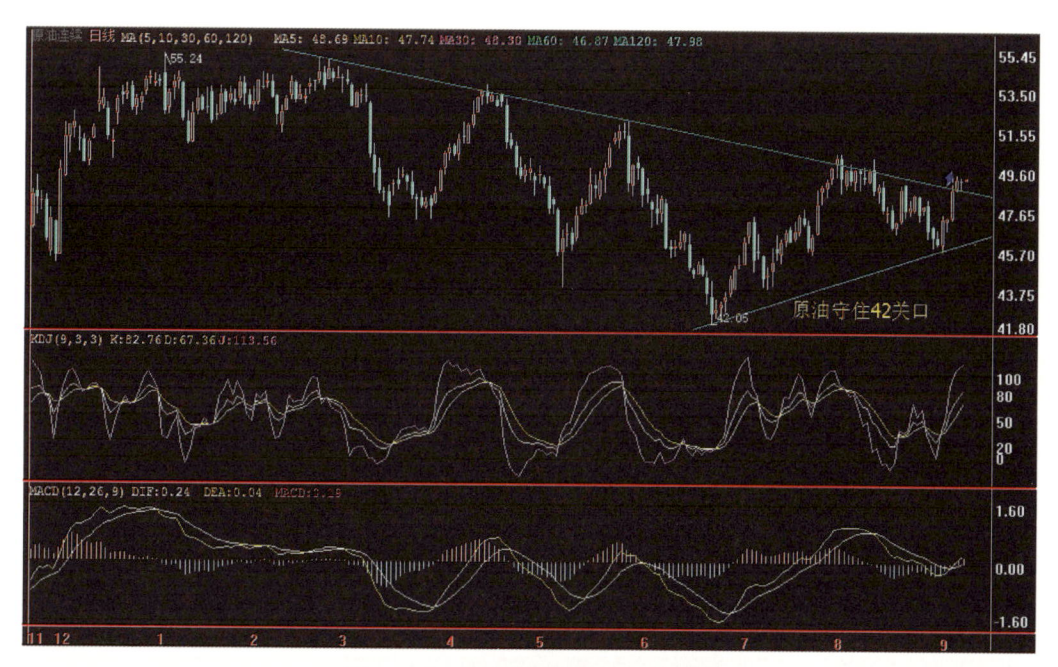

图7 2017年以来美国原油走势图

在7月12日的议息会议上,加拿大央行宣布将利率由0.5%升至0.75%,实现7年来的首次加息。加拿大央行认为,近期数据提振了未来经济保持强劲增长的信心,且暂存的疲弱通胀属临时现象,考虑到货币政策和未来通胀率之间的迟滞关系,加央行认为现在加息合适。而在9月6日的议息会议上,加拿大央行再次宣布加息25个基点,其表示受持续稳固的就业和收入增长的支撑,消费支出保持强劲,且商业投资和出口亦表现靓丽,预期2017年下半年加拿大经济将继续温和增长。由于此前被调查的33家机构中,有27家预测本次不会加息,因此当加息决定公布后,强势加元致美元/加元狂泻逾200点,刷新两年以来的低位。

关于美元/加元后市,从基本面看驱动因素仍是加拿大央行的加息步伐,此又取决于通胀和房地产市场的表现。通胀率自1月份达到2.1%的高点后,即一路保持下滑,到6月时创近两年以来的新低。如果未来数月,被视为临时现象的疲弱通胀数据渐回升,加拿大央行年内或再启加息。房地产方面,连续加息对其冲击不可小觑,加拿大央行亦认识到,需考虑高企的家庭债务对更高利率的反应。若房地产市场因利率的陡升而出现泡沫被刺破的风险,其对实体经济的冲击,将令加央行对未来的升息保持谨慎。从技术面看,2016年4月份以来,美元兑加元处于下降旗形通道内整理,2017年6月份,美元兑加元跌破通道下沿支撑,同时跌破周线级别60MA支撑,开启暴跌模式。截至目前,美元兑加元已由年初的1.346 0跌至1.20附近,跌幅近1 500余点,看空动能强劲。1.20是2011年以来美元兑加元上行趋势的50%回撤位支撑,价格在该位置会面临短暂支撑。如果跌破这一支撑位置,美元兑加元恐进一步下探1.17(等距原则测算的下跌位置)以及1.15(2011年以来美元兑加元上行趋势的61.8%回撤位支撑)。

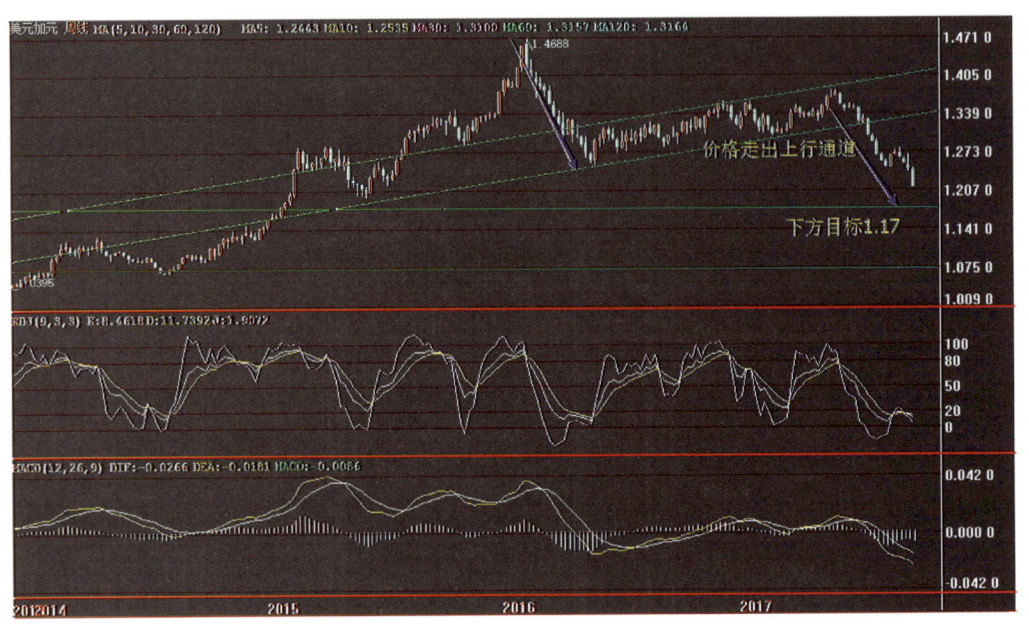

图8 美元/加元周线级别走势图

本章第(二)至(六)作者

FX168财经学院助理点评分析师 凌海涛

2017年9月

第7部分

人民币

（一）人民币走势综述

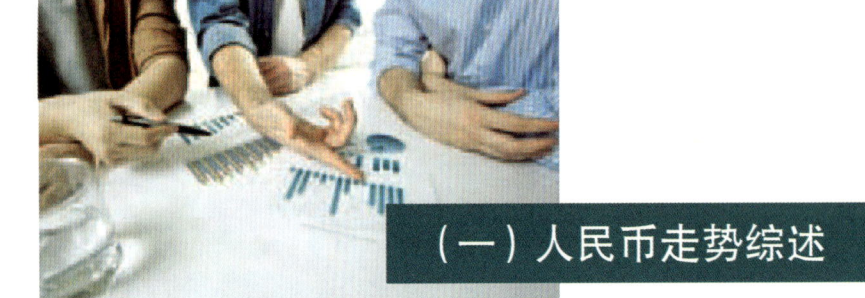

2015年8月11日，中国央行宣布启动新一轮汇改，本轮汇改的主要目的，是提高人民币中间价形成的市场化程度，扩大市场汇率实际运行空间，使汇率向均衡水平回归。经历了两年的跌宕起伏，人民币汇率最终告别了单边贬值局面，实现双向波动，并在制度创新中企稳回升。同时，人民币中间价形成机制也日益完善，汇率双向波动逐步成为常态。

在过去的两年中，人民币兑美元先经历了一年半的贬值，但之后压力得以释放，进入2017年后开始企稳回升，打破了持续的单边贬值预期。

人民币兑美元自2015年8月11日汇改当日的6.209 7一路贬至2017年初的6.961 6，贬值幅度超过12%。其间，虽然人民币在2016年2月至4月一度出现小幅回升，但升势均未能持续。而真正实现持续的企稳回升始于2017年5月中旬，人民币自此展开一轮持续升值之势，且涨幅超过3.5%。至此，人民币汇率真正实现双向波动。

截止到2017年8月31日16:30收盘，在岸人民币兑美元官方收盘报6.596 9，较2017年1月3日开局已上涨逾5%，有望终结过去3年的连跌势头。与此同时，在岸人民币兑美元8月累计升值2%，创2005年7月以来最大单月涨幅。彭博社8月初公布的调查显示，市场人士料人民币到2017年年底将升至6.80，全年料升值2.2%。

2017年第三季度人民币兑美元表现强劲，不仅得益于美元疲软，还因中国国内经济的改善。中国前两季度经济增速均达到6.9%，超出市场预期，且为2015年以来最高。

自2017年年中以来，美元/人民币一直呈现下行趋势，因市场对美联储（FED）年内升息的预期降温，且美国政治局势的不确定性加剧，导致美元全线走软。

彭博社分析师预计，美元/人民币即期将陷入6月以来的下行"熊市通道"。

而在2017年8月开始的一波美元反弹中，人民币汇率走势一度与美元脱钩，呈现逆

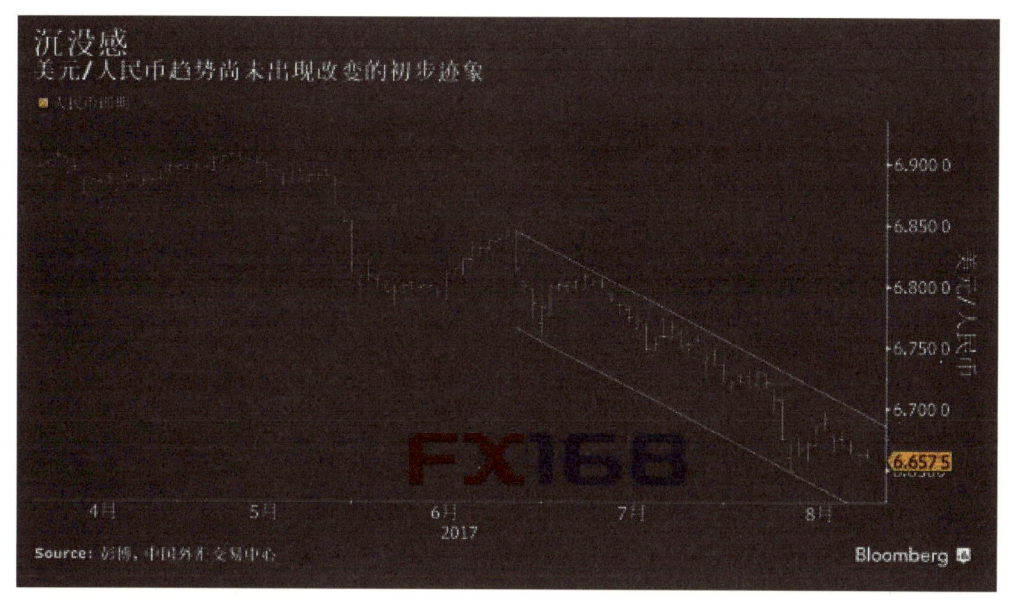

资料来源：彭博、FX168财经网。

图1　2017年4月—8月美元/人民币走势

市上涨的态势。但这一脱钩似乎在8月11日人民币中间价意外弱于预期后中止，其后人民币重新追随美元指数波动。

瑞穗银行高级外汇策略师张建泰认为，此前人民币中间价多较预期更强，一定程度上令市场对人民币的前景乐观，在人民币升破6.7之后，市场预期也明显转向升值。张建泰预期，在市场对特朗普担忧以及对欧元的普遍乐观情绪下，美元这一轮回调之势或已殆尽，人民币近期常态可能是先小幅跌至6.7，之后走势平稳。

2017年5月，外汇市场自律机制进一步将人民币中间价报价模型调整为"收盘价+一篮子货币汇率变化+逆周期因子"，以减少外汇市场中存在的顺周期行为。

招商证券宏观经济研究师谢亚轩、林澍等人在报告中指出，逆周期因子的引入可以分化市场对人民币汇率的贬值预期，并非单方向助推人民币升值，而是保持人民币对一篮子货币汇率的基本稳定，预计下半年人民币兑美元汇率仍将"双向波动"。

中银香港首席经济学家鄂志寰接受《证券日报》采访表示，进一步完善汇率市场化形成机制需要对现有机制进行恰当的评估，并以此为基础，加以完善和提高。引入逆周期调节因子后，人民币兑美元与经济基本面因素看齐程度有所提升，中国汇率政策制定机构对市场预期进行管理的能力也有所提升。这两个提升是2017年以来人民币汇率预期趋于稳定的关键所在。

8月31日，环球银行金融电信协会（SWIFT）公布的报告显示，2017年7月人民币交易使用量环比上升至2%，6月份为1.98%，已连续第3个月上升。2017年7月人民币全球交易使用量排名上升至第五位，6月份排名为第六位。报告显示，与6月相比，2017年

7月人民币支付总额下降了3.71%,而同期全球所有货币的支付总额下降了4.34%。报告并称,香港依然是最大的离岸人民币中心,其人民币交易量占离岸人民币总交易量的76.66%,英国和新加坡分别次之。

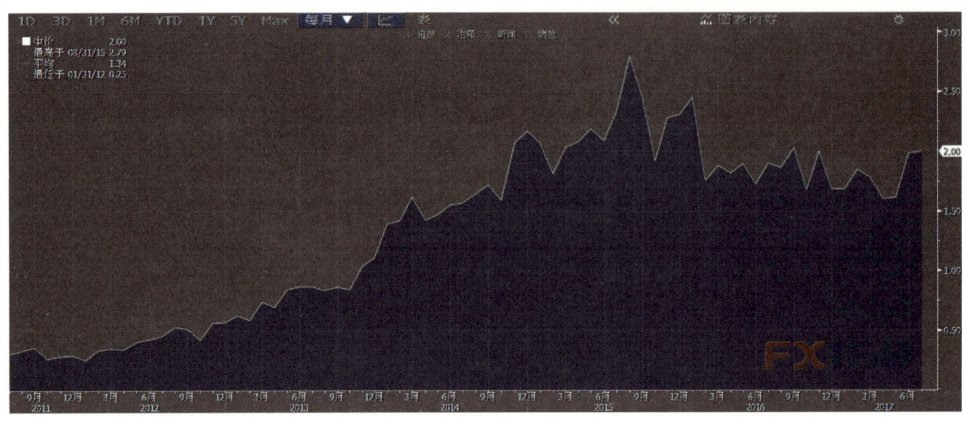

资料来源：彭博、FX168财经网。

图2　人民币全球交易使用量

光银国际投资有限公司研究部主管林樵基表示,2017年以来人民币汇率相对稳定,帮助提升了在全球范围内的使用,人民币升值态势看上去仍维持稳固。若是如此,人民币在全球交易中的排名将保持稳定。

2017年9月8日在岸人民币兑美元一度飙涨0.8%至6.435 0,触及2015年8月11日汇改几日后到达的水平。随后中国央行宣布取消外汇风险准备金,并取消对境外金融机构境内存放准备金的穿透式管理,从而令这波涨势有所降温。

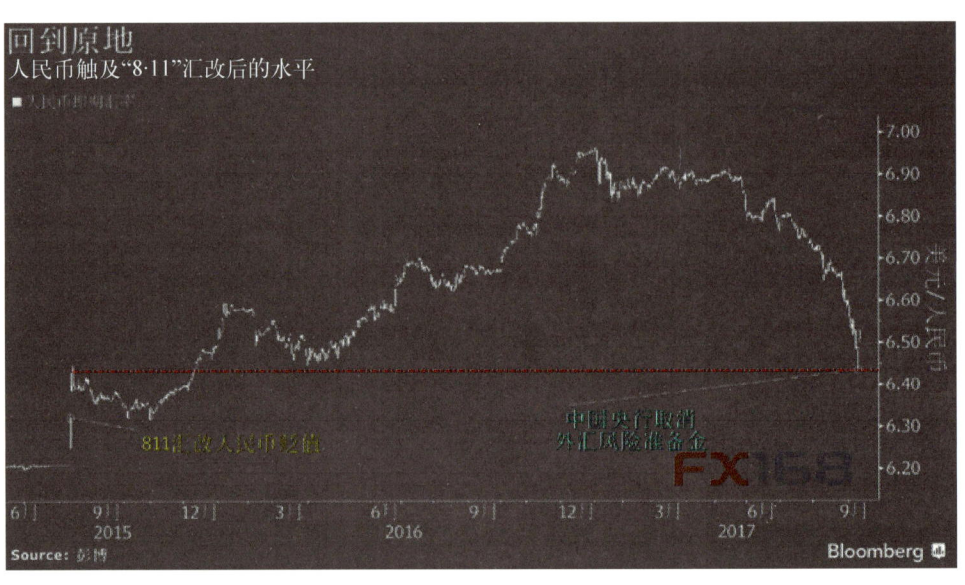

资料来源：彭博、FX168财经网。

图3　人民币触及"8·11"汇改后的水平

（二）人民币后市如何走？

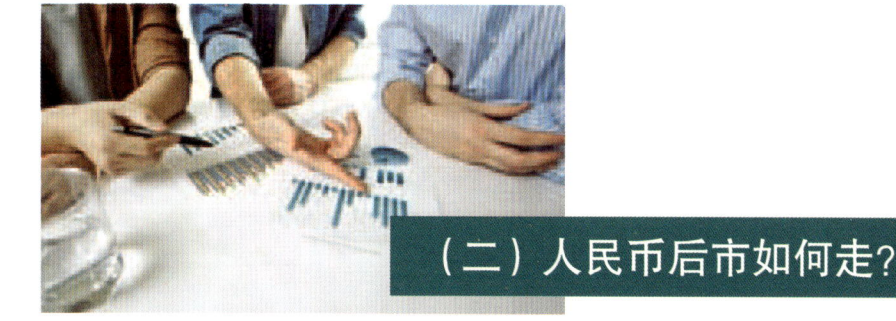

1. 官方态度：保持稳定和相对强势，料呈现双向振荡

周小川：人民币今年应该比较稳定，无持续贬值基础

2017年3月10日，在十二届全国人大五次会议举行的记者会上，中国人民银行行长周小川表示，2017年人民币汇率应该比较稳定。

周小川表示："2016年下半年，中国对外投资和其他方面的外部花销比较猛一些，每年下半年这个季节都会多一些，去年多得明显一些，也包括有一些企业在外面收购的热情比较高。而美国大选、特朗普当选之后出现了很多和一般人预期不太符合的变化，因此导致美元指数上升比较猛。在这种情况下，汇率波动比较大。"

周小川介绍，2017年随着中国经济比较稳定，且更加健康，供给侧结构性改革、"三去一降一补"都取得成绩，国际上对中国经济的信心也比较好，汇率就自动有一个稳定的趋势。

与此同时，周小川指出，看待人民币汇率走势，在很大程度上要看经济健康不健康。如果经济健康，且通货膨胀又比较低，货币就会比较坚挺。再者，也要看金融是否稳定，金融如果比较稳定，信心就会进一步增强。因此应该说进入2017年以来，目前来看人民币没有持续贬值的基础。

易纲：人民币会保持稳定和相对强势

2017年3月5日，全国政协委员、央行副行长易纲表示，人民币的稳定地位在过去十年明显上升，未来还将维持这种态势，即它是很有信誉的，对各大货币有弹性但又总体稳定。随着中国综合国力特别是劳动生产率的提高，人民币未来的趋势会保持稳定和相对强势的特征。他还表示，将在土地供应、法律、税收、银行信贷等方面综合施策，保持房地产市场平稳、健康发展。

易纲在全国政协经济界小组会议上表示，2015年、2016年人民币面临一些压力，面对这些压力，央行一方面以市场供求为基础，同时参考一篮子汇率进行调节，采取了一种有管理的浮动汇率，这样就保持了汇率弹性，而汇率是经济特别是国际收支的自动调节器和稳定器。2016年美元走势很强，全世界的货币相对美元都有较大调整，尤其是发展中国家。在此背景下，人民币相对美元有所贬值，但总体上相对其他发展中国家贬值是最小的。这种机制的完善说明，中国走出了一条有中国特色的汇率形成机制和独特的宏观调控机制，并且这种机制越来越成熟，也积累了很多调控经验。

易纲表示，保持人民币在全球货币体系中的稳定地位主要包含三层意思：其一，2016年人民币加入SDR，进入全球货币第一阵容。其二，人民币的稳定地位在过去十年明显上升，未来还将维持这种态势，即它是很有信誉的，对各大货币有弹性但又总体稳定。随着中国综合国力特别是劳动生产率的提高，人民币未来的趋势将会保持稳定和相对强势的特征。其三，人民币国际化，在贸易和投资中用人民币结算，是一种发展趋势。人民币国际化是市场化、水到渠成的过程。

潘功胜：人民币走势趋向稳定，应进一步增强汇率弹性

2017年6月22日，中国外汇管理局局长潘功胜表示，2017年以来，外汇储备变动和人民币汇率趋向稳定，跨境资金流动和外汇市场供求基本平衡。

潘功胜在深圳召开的座谈会上表示："今年以来，我国经济结构加快转型升级，供给侧改革深入推进，经济增长稳中向好，保持中高速增长。"外汇市场运行平稳，市场预期稳定，外汇储备变动和人民币汇率趋向稳定，跨境资金流动和外汇市场供求基本平衡。

潘功胜表示，外汇管理部门要继续深化外汇管理改革，强化监管能力建设。构建跨境资本流动的宏观审慎管理和微观市场监管体系，加强事中事后监管。完善跨境资金流动的监测预警，严厉打击地下钱庄等违法违规行为，维护外汇市场健康稳定，维护国家经济与金融安全。

2017年8月17日，中国外汇管理局在北京召开2017年银行和财务公司座谈会，深入贯彻落实全国金融工作会议精神，分析当前外汇市场形势，通报近期银行外汇领域违法违规案例。国家外汇管理局局长潘功胜在会上指出，2017年以来我国经济稳中向好态势更趋明显，市场预期更加稳定，推动我国外汇形势明显好转，我国跨境资金流动保持总体稳定。

管涛：断言人民币汇率转势为时尚早，下半年仍料双向振荡

2017年7月24日，《中国金融时报》引述前中国国家外汇管理局国际收支司司长、中国金融四十人论坛（CF40）高级研究员管涛讲话指出，鉴于国内外仍存在许多不确定、不稳定的因素，现在断言人民币汇率转势为时尚早，预计下半年人民币汇率将继续呈现双向振荡行情。

管涛指出，从政府来讲，要在情景分析、压力测试的基础上准备好应对预案，从最坏处打算，争取最好结果；从市场来讲，汇率市场化改革是大势所趋，市场主体应该树立正确的金融风险意识。

管涛表示："重塑政府市场信用、提高政策可信度是汇率维稳的关键。同时，要研究完善宏观审慎措施，进一步提高跨境资本流动管理的效力。"管涛还指出，市场主体也应该不断提高适应和管理汇率波动风险的能力，不要用市场判断替代市场操作，不应将对外投资等同于炒外汇。

与此同时，管涛列举了支持人民币汇率的八方面积极因素，包括：一是国内经济继续平稳运行，有利于稳定市场信心；二是货币政策稳健中性和金融监管加强，货币宽松进入尾声，有利于币值稳定；三是北向"债券通"启动、A股加入MSCI推进，国内对外金融开放程度进一步提高，人民币国际化地位进一步巩固，有助于吸引资本流入；四是前期人民币双边和多边汇率已有一定调整，加上负债端恢复资本流入，资产端配置需求有所释放且相关监管加强，总体资本流出压力也得到较大程度的缓解；五是随着人民币汇率稳定的政策市场可信度提高，下半年企业结汇意愿有望进一步增强；六是引入"逆周期因子"有助于未雨绸缪，更好应对美元走强可能给人民币汇率稳定带来的冲击，为人民币汇率政策增信；七是特朗普效应有可能被进一步证伪，美联储货币政策调整的溢出效应逐渐递减，主要经济体经济走势和货币政策分化进一步收敛，美元强势可能暂告段落；八是即便全球流动性可能进入拐点，但外需复苏有助于中国避免内外部紧缩双碰头的最坏局面。

《人民日报》：人民币成色越来越足，经济基本面提供最强劲支撑

2017年8月4日《人民日报（海外版）》发文称，针对2017年以来人民币汇率的稳健表现，国际货币基金组织（IMF）在一份报告中强调，目前中国的外储水平是合适的，人民币汇率估值与中国经济基本面大体一致。专家指出，人民币汇率的走强用事实反驳了此前国际上的一些看空论调。在中国经济结构不断改善、新旧动能加速转换、对外开放程度不断加深的背景下，人民币长期强势坚挺的基础正日益坚实。

中国央行参事盛松成：人民币年底或升至6.5

2017年8月22日中新社报道，中国人民银行参事盛松成接受采访时表示，人民币兑

美元年底或升至6.5。

盛松成指出,在中国经济增速相对较高的背景下,人民币汇率已趋于稳定,下半年稳中有升,预计年底前仍将保持稳定,到年底甚至完全有可能到达6.5～6.6的区间内。

盛松成声称:"我认为人民币兑美元年底至6.6甚至6.5是完全有可能的。"

这并非盛松成第一次对人民币汇率做出如此乐观的预测。从2016年11月以来,盛松成在公开场合多次谈及人民币汇率,他一直坚信无论从经济基本面还是货币金融角度看,人民币都不存在长期贬值基础。

2. 机构观点:已无持续贬值基础,上调人民币汇率预估

招商银行资产管理部高级分析师刘东亮表示,在2017年上半年美元走软,以及中国经济增长企稳且持续超出预期的背景之下,人民币已没有持续贬值的基础,且正在重拾升势,料年内人民币兑美元将于6.6～6.9区间内波动。

刘东亮指出,受"特朗普行情"退潮,及欧元区和日本经济表现好于预期的影响,上半年美元整体走软。与此同时,中国经济增长企稳并持续好于预期,国际收支情况亦由负转正,目前人民币已不具备持续贬值的市场基础。此外,未来人民币汇率有望保持较高的波动性,预计年内人民币兑美元将于6.6至6.9区间内波动,且偏于该区间上半部分。

美银美林(BofAML)2017年8月份报告指出,上调2017年底在岸人民币兑美元预估至6.90,此前为7.05。这是该行半年内第2次上调人民币汇率预估。

该行指出,随着美联储货币政策正常化,维持2018年底在岸人民币兑美元预估至7.20。

摩根士丹利(Morgan Stanley)报告预计美元将进一步走软,因此上调2017年年底在岸人民币兑美元预测至6.6,此前为6.9;同时上调2018年年底在岸人民币兑美元预测至6.8,此前为7.0。

瑞银集团(UBS)发布最新研究报告指出,中国外汇储备将继续保持稳定,加之美元兑全球其他主要货币将维持疲软,预计2017年年底在岸人民币兑美元将稳定于6.8附近水平,2018年年底轻微下跌至6.9附近,但不会跌破7。

荷兰国际集团(ING)经济学家Iris Pang在最新报告中指出,预计在岸人民币兑美元2017年底温和升至6.72,2018年底升至6.60。

牛津经济研究院高级经济学家Alessandro Theiss报告中指出,受中国国内经济基本面走强的影响,美元兑其他主要货币走软,预计在岸人民币兑美元2017年底将升至6.6(此前预估为6.85),且之后将继续走强。

渣打财富管理投资策略主管梁振辉表示,预计2017年下半年人民币兑美元将有所回升,年底预估为6.99。

（三）人民币国际化

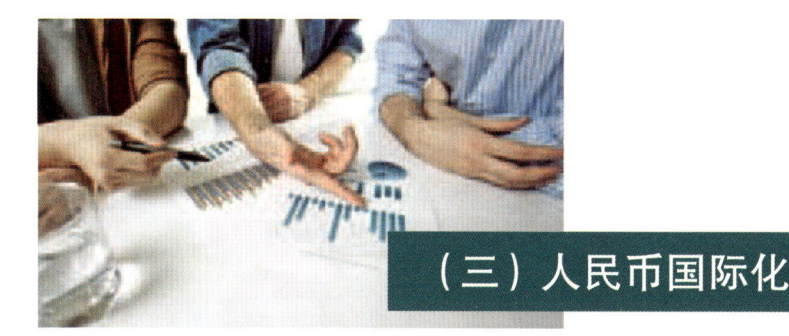

1. 人民币国际化总体进展情况

2017年7月中国人民大学国际货币研究所发布《人民币国际化报告2017》，该报告回顾了一年多以来人民币国际化取得的最新进展，并提出未来国际化进程中应做的努力。

报告指出，国际金融人民币计价交易已成为支撑人民币国际化的重要贡献因子，强化人民币金融交易功能具有现实紧迫性，中国应抓住国际金融市场调整的机遇期，深化国内金融改革，努力提高人民币国际金融计价交易功能。

报告显示，2016年人民币国际化指数（RII）震荡调整，截至2016年四季度，人民币国际化指数（RII）为2.26，同比下降29.8%，但不改长期上升趋势；2016年人民币的国际贸易结算驱动力减弱，但国际金融交易驱动力有所增强。

报告称，"人民币国际化需要建设成熟、深度的国际金融中心作为支撑，可以按照短期货币市场、中期债券市场、长期多层次股权市场的顺序，形成完整的人民币计价、交易的国际金融市场。"

报告指出，在货币国际化的过程中，政府推动是必须的，但也要给市场留出自由发展的空间。金融市场的发展要稳中求胜，重视各金融市场之间的联系，打通"政府—市场—企业"的传导机制，共同推动人民币国际化。

报告并提出，对外直接投资能够多渠道扩大人民币使用范围，发挥高效的杠杆作用，可成为人民币国际化重要的助推器。在跨国公司主导国际贸易的新形势下,扩大直接投资可巩固中国贸易地位,并为中资金融机构走出去、发展离岸人民币业务提供市场和动力。

"一带一路"将带领人民币走向国际舞台。

2017年5月份,中国国家主席习近平在"一带一路"高峰论坛开幕式上承诺,中国将加大对"一带一路"建设资金支持,向丝路基金新增资金1 000亿元人民币;并鼓励金融机构开展人民币海外基金业务,规模预计约3 000亿元。

中国国家开发银行、进出口银行将分别提供2 500亿元和1 300亿元等值人民币专项贷款,用于支持"一带一路"基础设施建设、产能、金融合作。

据招商证券的报告统计,2014年至2016年,中国同"一带一路"沿线国家贸易总额超过3万亿美元。中国对"一带一路"沿线国家投资累计超过500亿美元。中国企业已经在20多个国家建设56个经贸合作区,为有关国家创造近11亿美元税收和18万个就业岗位。

年利达律师事务所合伙人纪晓晖表示:"我们也注意到,有些'一带一路'沿线国家本币针对美元的贬值幅度在近几年内超过了针对人民币的贬值幅度,这可能会给这些国家带来考虑多元化融资渠道,并在更大范围内接受使用人民币的激励。"

与此同时,年利达律所印度尼西亚合伙人David Holme表示,中国已经连续6年成为印度尼西亚最大的贸易伙伴,在此背景下印度尼西亚乃至东南亚使用人民币的愿望会转强。

2. 人民币国际化大事记(2015—2017)

2015年

1月5日,中国人民银行授权中国银行(马来西亚)有限公司担任吉隆坡人民币业务清算行,授权中国工商银行(泰国)有限公司担任曼谷人民币业务清算行。

1月21日,中国人民银行与瑞士国家银行签署合作备忘录,就在瑞士建立人民币清算安排有关事宜达成一致。给予瑞士500亿元人民币合格境外机构投资者(RQFII)额度。

3月18日,中国人民银行与苏里南中央银行签署了规模为10亿元人民币/5.2亿苏里南元的双边本币互换协议。

3月25日,中国人民银行与亚美尼亚中央银行签署了规模为10亿元人民币/770亿亚美尼亚德拉姆的双边本币互换协议。

3月30日,中国人民银行与澳大利亚储备银行续签了规模为2 000亿人民币/400亿澳大利亚元的双边本币互换协议。

4月10日，中国人民银行与南非储备银行签署了规模为300亿元人民币/540亿南非兰特的双边本币互换协议。

4月17日，中国人民银行与马来西亚国家银行续签了规模为1 800亿元人民币/900亿马来西亚林吉特的双边本币互换协议。

4月29日，人民币合格境外机构投资者（RQFII）试点地区扩大至卢森堡，初始投资额度为500亿元人民币。

5月10日，中国人民银行与白俄罗斯共和国国家银行续签了规模为70亿元人民币/16万亿白俄罗斯卢布的双边本币互换协议。

5月15日，中国人民银行与乌克兰国家银行续签了规模为150亿元人民币/540亿乌克兰格里夫纳的双边本币互换协议。

5月25日，中国人民银行与智利中央银行签署了在智利建立人民币清算安排的合作备忘录，并签署了规模为220亿元人民币/2.2万亿智利比索的双边本币互换协议。给予智利500亿元人民币合格境外机构投资者（RQFII）额度。同日，授权中国建设银行智利分行担任智利人民币业务清算行。

6月1日，中国人民银行发布《关于境外人民币业务清算行、境外参加银行开展银行间债券市场债券回购交易的通知》（银发〔2015〕170号）。

6月11日，中国人民银行发布《人民币国际化报告（2015）》。

6月27日，中国人民银行与匈牙利中央银行签署了在匈牙利建立人民币清算安排的合作备忘录和《中国人民银行代理匈牙利中央银行投资中国银行间债券市场的代理投资协议》。给予匈牙利500亿元人民币合格境外机构投资者（RQFII）额度。28日，授权中国银行匈牙利分行担任匈牙利人民币业务清算行。

7月7日，中国人民银行与南非储备银行签署了在南非建立人民币清算安排的合作备忘录。8日，授权中国银行约翰内斯堡分行担任南非人民币业务清算行。

7月14日，中国人民银行印发《关于境外央行、国际金融组织、主权财富基金运用人民币投资银行间市场有关事宜的通知》（银发〔2015〕220号），对境外央行类机构简化了入市流程，取消了额度限制，允许其自主选择中国人民银行或银行间市场结算代理人为其代理交易结算，并拓宽其可投资品种。

7月24日，发布中国人民银行公告〔2015〕第19号，明确境内原油期货以人民币为计价货币，引入境外交易者和境外经纪机构参与交易等。

8月11日，中国人民银行发布关于完善人民币兑美元汇率中间价报价的声明。自2015年8月11日起，做市商在每日银行间外汇市场开盘前，参考上日银行间外汇市场的收盘汇率，综合考虑外汇供求情况以及国际主要货币汇率变化向中国外汇交易中心提供中间价报价。

9月3日，中国人民银行与塔吉克斯坦中央银行签署了规模为30亿元人民币/30亿索摩尼的双边本币互换协议。

9月7日，中国人民银行印发《关于进一步便利跨国企业集团开展跨境双向人民币资金池业务的通知》(银发〔2015〕279号)。

9月17日，中国人民银行与阿根廷中央银行签署了在阿根廷建立人民币清算安排的合作备忘录。18日，授权中国工商银行(阿根廷)股份有限公司担任阿根廷人民币业务清算行。

9月21日，中国人民银行批复同意香港上海汇丰银行有限公司和中国银行(香港)有限公司在银行间债券市场发行金融债券，这是国际性商业银行首次获准在银行间债券市场发行人民币债券。

9月26日，中国人民银行与土耳其中央银行续签了规模为120亿元人民币/50亿土耳其里拉的双边本币互换协议。

9月27日，中国人民银行与格鲁吉亚国家银行签署了双边本币互换框架协议。

9月29日，中国人民银行与赞比亚中央银行签署了在赞比亚建立人民币清算安排的合作备忘录。30日，授权赞比亚中国银行担任赞比亚人民币业务清算行。

9月29日，中国人民银行与吉尔吉斯共和国国家银行签署了加强合作的意向协议。

9月30日，发布中国人民银行公告〔2015〕第31号，开放境外央行(货币当局)和其他官方储备管理机构、国际金融组织、主权财富基金依法合规参与中国银行间外汇市场。

10月8日，人民币跨境支付系统(一期)成功上线运行。

10月20日，中国人民银行在伦敦采用簿记建档方式成功发行了50亿元人民币央行票据，期限1年，票面利率3.1%。这是中国人民银行首次在中国以外地区发行以人民币计价的央行票据。

10月20日，中国人民银行与英格兰银行续签了规模为3 500亿元人民币/350亿英镑的双边本币互换协议。

11月2日，为满足境外中央银行、货币当局、其他官方储备管理机构、国际金融组织以及主权财富基金在境内开展相关业务的实际需要，中国人民银行办公厅发布《关于境外中央银行类机构在境内银行业金融机构开立人民币银行结算账户有关事项的通知》(银办发〔2015〕227号)。

11月6日，中国人民银行、国家外汇管理局发布《内地与香港证券投资基金跨境发行销售资金管理操作指引》(中国人民银行国家外汇管理局公告〔2015〕第36号)。

11月9日，经中国人民银行授权，中国外汇交易中心宣布在银行间外汇市场开展人民币对瑞士法郎直接交易。

11月18日，中欧国际交易所股份有限公司举行成立仪式，并挂牌首批人民币计价和结算的证券现货产品。

11月23日,人民币合格境外机构投资者(RQFII)试点地区扩大至马来西亚,投资额度为500亿元人民币。

11月25日,首批境外央行类机构在中国外汇交易中心完成备案,正式进入中国银行间外汇市场。

11月27日,中国银行间市场交易商协会接受加拿大不列颠哥伦比亚省在中国银行间债券市场发行60亿元人民币主权债券的注册。

11月30日,国际货币基金组织执董会决定将人民币纳入特别提款权(SDR)货币篮子,SDR货币篮子相应扩大至美元、欧元、人民币、日元、英镑5种货币,人民币在SDR货币篮子中的权重为10.92%,新的SDR货币篮子将于2016年10月1日生效。同日,中国人民银行授权中国建设银行苏黎世分行担任瑞士人民币业务清算行。

12月7日,中国银行间市场交易商协会接受韩国政府在中国银行间债券市场发行30亿元人民币主权债券的注册。

12月14日,中国人民银行与阿联酋中央银行续签了规模为350亿元人民币/200亿阿联酋迪拉姆的双边本币互换协议。同日,双方签署了在阿联酋建立人民币清算安排的合作备忘录,并同意将人民币合格境外机构投资者(RQFII)试点地区扩大至阿联酋,投资额度为500亿元人民币。

12月17日,人民币合格境外机构投资者(RQFII)试点地区扩大至泰国,投资额度为500亿元人民币。

2016年

1月20日,中国人民银行办公厅印发《关于调整境外机构人民币银行结算账户资金使用有关事宜的通知》(银办发〔2016〕15号)。

1月22日,中国人民银行印发《关于扩大全口径跨境融资宏观审慎管理试点的通知》(银发〔2016〕18号)。

2月24日,中国人民银行发布2016年第3号公告,便利符合条件的境外机构投资者投资银行间债券市场(中国人民银行公告〔2016〕第3号)。

3月7日,中国人民银行与新加坡金管局续签双边本币互换协议,协议规模为3 000亿元人民币/640亿新加坡元,有效期为3年。

4月29日,中国人民银行印发《关于在全国范围内实施全口径跨境融资宏观审慎管理的通知》(银发〔2016〕132号)。

5月11日,中国人民银行与摩洛哥中央银行签署双边本币互换协议,协议规模为100亿元人民币/150亿迪拉姆,有效期为3年。

6月7日，中国人民银行与美国联邦储备委员会签署了在美国建立人民币清算安排的合作备忘录，并给予美国2 500亿元人民币合格境外机构投资者（RQFII）额度。

6月17日，中国人民银行与塞尔维亚中央银行签署双边本币互换协议，协议规模为15亿元人民币/270亿塞尔维亚第纳尔，有效期为3年。

6月20日，经中国人民银行授权，中国外汇交易中心在银行间外汇市场完善人民币对南非兰特的交易方式，发展人民币对南非兰特直接交易。

6月25日，中国人民银行与俄罗斯中央银行签署了在俄罗斯建立人民币清算安排的合作备忘录。

6月27日，经中国人民银行授权，中国外汇交易中心在银行间外汇市场完善人民币对韩元的交易方式，发展人民币对韩元直接交易。

7月11日，中国银行（香港）有限公司以直接参与者身份接入人民币跨境支付系统（CIPS），这是CIPS的首家境外直接参与者；同日，中信银行、上海银行、广东发展银行、江苏银行、三菱东京日联银行（中国）有限公司、瑞穗银行（中国）有限公司、恒生银行（中国）有限公司等以直接参与者身份接入CIPS，CIPS直接参与者数量增加至27家。

8月10日，中国人民银行办公厅印发《关于波兰共和国在银行间债券市场发行人民币债券有关事项的批复》，同意受理波兰共和国在银行间债券市场发行人民币债券的注册申请（银办函〔2016〕378号）。

8月30日，中国人民银行、国家外汇管理局联合发布《关于人民币合格境外机构投资者境内证券投资管理有关问题的通知》（银发〔2016〕227号）。

9月12日，中国人民银行与匈牙利央行续签双边本币互换协议，协议规模为100亿元人民币/4 160亿匈牙利福林，有效期为3年。

9月20日，中国人民银行发布2016年第23号公告，授权中国银行纽约分行担任美国人民币业务清算行（中国人民银行公告〔2016〕第23号）。

9月23日，中国人民银行发布2016年第24号公告，授权中国工商银行（莫斯科）股份有限公司担任俄罗斯人民币业务清算行（中国人民银行公告〔2016〕第24号）。

9月26日，经中国人民银行授权，中国外汇交易中心开始在银行间外汇市场开展人民币对沙特里亚尔直接交易。

9月26日，经中国人民银行授权，中国外汇交易中心开始在银行间外汇市场开展人民币对阿联酋迪拉姆直接交易。

9月27日，中国人民银行与欧洲中央银行签署补充协议，决定将双边本币互换协议有效期延长三年至2019年10月8日。互换规模仍为3 500亿元人民币/450亿欧元。

11月4日，中国人民银行、中国证券监督管理委员会联合发布《关于内地与香港股票市场交易互联互通机制有关问题的通知》（银发〔2016〕282号）。12月5日，正式启动深港通。

11月14日,经中国人民银行授权,中国外汇交易中心在银行间外汇市场完善人民币对加拿大元的交易方式,开展人民币对加拿大元直接交易。

11月29日,中国人民银行印发《中国人民银行关于进一步明确境内企业境外放款业务有关事项的通知》(银发〔2016〕306号)。

12月6日,中国人民银行与埃及中央银行签署双边本币互换协议,协议规模为180亿元人民币/470亿埃及镑,有效期为3年。

12月9日,中国人民银行发布2016年第30号公告,授权中国农业银行迪拜分行担任阿联酋人民币业务清算行。(中国人民银行公告〔2016〕第30号)。

12月12日,经中国人民银行授权,中国外汇交易中心开始在银行间外汇市场开展人民币对墨西哥比索直接交易。

12月12日,经中国人民银行授权,中国外汇交易中心开始在银行间外汇市场开展人民币对土耳其里拉直接交易。

12月12日,经中国人民银行授权,中国外汇交易中心开始在银行间外汇市场开展人民币对波兰兹罗提直接交易。

12月12日,经中国人民银行授权,中国外汇交易中心开始在银行间外汇市场开展人民币对丹麦克朗直接交易。

12月12日,经中国人民银行授权,中国外汇交易中心开始在银行间外汇市场开展人民币对匈牙利福林直接交易。

12月12日,经中国人民银行授权,中国外汇交易中心开始在银行间外汇市场开展人民币对挪威克朗直接交易。

12月12日,经中国人民银行授权,中国外汇交易中心开始在银行间外汇市场开展人民币对瑞典克朗直接交易。

12月21日,中国人民银行与冰岛央行续签双边本币互换协议,协议规模为35亿元人民币/660亿冰岛克朗,有效期为3年。

12月26日,中国人民银行办公厅印发《中国人民银行办公厅关于境外机构境内发行人民币债券跨境人民币结算业务有关事宜的通知》(银办发〔2016〕258号)。

2017年

1月13日,中国人民银行发布《关于全口径跨境融资宏观审慎管理有关事宜的通知》(银发〔2017〕9号)。

3月20日,中国人民银行与中国银行纽约分行签署《关于人民币业务的清算协议》。

3月20日,中国人民银行与中国工商银行(莫斯科)股份有限公司签署《关于人民币业务的清算协议》。

3月20日，中国人民银行与中国农业银行迪拜分行签署《关于人民币业务的清算协议》。

5月19日，中国人民银行与新西兰央行续签双边本币互换协议，协议规模为250亿元人民币/50亿新西兰元，有效期为3年。

5月23日，中国人民银行发布《关于印发<人民币跨境收付信息管理系统管理办法>的通知》（银发〔2017〕126号）。

5月27日，中国人民银行发布《关于完善人民币跨境收付信息管理系统银行间业务数据报送流程的通知》（银办发〔2017〕118号）。

6月29日，中国人民银行与中国银行（香港）有限公司续签《关于人民币业务的清算协议》。

7月6日，中国人民银行与蒙古中央银行续签双边本币互换协议，协议规模为150亿元人民币/5.4万亿蒙古图格里克，有效期为3年。

7月21日，中国人民银行与瑞士中央银行续签双边本币互换协议，协议规模为1 500亿元人民币/210亿瑞士法郎，有效期为3年。

7月26日，中国外汇交易中心发布公告称，批准土耳其中央银行自7月27日起成为银行间外汇市场会员，可从事即期交易。

8月3日，国家外汇管理局发布公告称，自8月21日起发卡行应报送银行卡境外交易信息；2017年9月1日以后新办银行卡业务的境内金融机构，应在具备接入银行卡外汇管理系统报送银行卡境外交易信息的条件后，方可开通本行银行卡境外交易业务。

8月10日，中国外汇交易中心发布公告称，将于2017年8月11日起开展人民币对蒙古图格里克银行间市场区域交易。人民币对蒙古图格里克银行间市场区域交易暂不收取交易手续费。

9月11日，中国央行确认将外汇风险准备金征收比例降为零，并取消对境外金融机构境内存放准备金的穿透式管理。

第8部分

专题研究

中国及世界经济形势与人民币总体走势

2017年上半年中国经济总体稳定偏好，经济增长率、工业增加值都取得了近几年的较好成绩，物价水平总体稳定。应该说，中国经济已经从中速甚至偏低的增长速度中走了出来，未来几年有可能进入中速甚至偏高的增长区间。如此乐观预测的原因是因为中国已经获得了产业发展的新动力，互联网企业和装备制造企业的大发展，很大程度上推动了全体经济的蓬勃发展，使得中国可能在未来抢占国际分工的新高点。从国际经济形势来看，美国等国已率先从经济危机中恢复，国际需求的增加也促进了中国出口，从而稳定了中国经济与人民币的走势。中国不断发展的对外贸易与"一带一路"战略，也极大地推动了人民币的国际化，人民币在更多国家有被使用的需求，产生了以人民币计价的各种金融产品，增加了人民币坚挺的基础。从近年国家的政策目标来看，国家也希望保持人民币价格的总体稳定，不希望人民币出现过度的波动，也不希望通过人民币的贬值来促进出口的增长。因此，从我国的角度而言，人民币应该会有稳定且略微走强的主观意愿。

但未来人民币的走势，并不完全仅仅取决于中国，其他国家的经济形势，更大程度会对人民币的汇率产生难以预料的影响。其中主要有：特朗普"不靠谱"的经济政策。特朗普自上台以来外汇政策一直不太明晰，他与他的内阁，以及其内阁与美联储之间的"协调"机制也不太通畅，大大影响了市场对美元走势的判断。不过目前,特朗普的兴趣似乎放到了促进美国的出口和产业发展之上,因此能够判断近段时间美元应有一个总体走弱的过程,但未来特朗普政府是否会发生比较大的转变,仍需市场密切的观察。

与美国的情况相比,欧洲的形势相对明确一些。欧洲当前的主要问题是何时经济能够复苏?欧洲是否能够找到新的产业发展方向,以继续保持高人均收入。德国大选的结果也会对欧元产生较大影响,若"脱欧派"上台,欧元就有不复存在的可能。但目前大多数人认为这种情况不大会发生。关于欧洲还有一个话题就是英国与欧洲的经济关系,英国在脱欧谈判中能否与欧盟保持友好且密切的关系?也可能会因谈判过程中的不合而对市场产生较大影响。

地缘政治的冲突和恐怖袭击在很大程度上增加了人民币走势的不确定性,未来一年中东、东欧、南亚、朝鲜半岛等地区将会是冷热冲突爆发的重点区域。恐怖袭击在欧洲和其他国家的高频度发生,也严重冲击了民众和市场的信心。令人更为担忧的狭隘的民族主义在许多国家的抬头,在这些国家导致民族、种族、信仰、性别之间的许多冲突。这些冲突不仅造成了市场的波动,还会严重干扰政治人物的决策,产生与市场方向背道而驰的决策,增加市场预测的难度。

因此可以想见,未来一年人民币具备稳定且略微走强的总体趋势,但这一趋势会因国际政治形势而发生较大的改变。但若国际政治的变化不伤及各国经济的走势,政治所带来的也只能被看作是较长时期的波动,待市场情绪平复后汇率会逐渐恢复到理性的位置。

一个更有意思的话题是世界从经济危机走出后全球的经济金融格局会发生怎样的变化?中国能否在未来占据全球产业的高端地位,能否在新的世界经济秩序中形成新的核心——外围体系?人民币是否会有新的属性——不再与俄罗斯、巴西等国并列为新兴市场国家货币而更像欧元、英镑那样拥有更佳的投资价值?这些都在未来几年中会有明确的答案。按当前国际大趋势来判断,这一改变很有可能会发生,届时将会改变人民币的潜在长期走势及与其他货币的替代关系。

西南财经大学教授　逯建
2017年8月

离岸人民币国际化业务发展现状、问题与趋势

2017年，离岸人民币国际化业务开始企稳回暖。各方政策对离岸市场发展开始形成有利引导，整体基础建设日趋成熟完善。2017年7月召开的第五次全国金融工作会议，会议指出要深化人民币汇率形成机制改革，稳步推动人民币国际化，稳步实现资本项目可兑换。由此可见，人民币国际化过程与汇率形成机制改革以及资本项目可兑换密切相关。在一定程度上，只有深化汇率形成机制改革，才能够稳步推动人民币国际化。

人民币跨境贸易结算成为新的资本流出渠道，下降势头逐步稳定

根据中国人民银行公布的数据，2017年7月人民币跨境贸易结算总额为3 434亿元，同比下降26%。跨境人民币出口结算同比下降6%，跨境人民币进口结算同比下降21%，与人民币出口结算相比，人民币进口结算波动更为频繁。自2016年以来，人民币进口结算金额一直高于出口结算金额，反映人民币跨境贸易结算渠道中出现资本大幅外流。在人民币汇率贬值预期背景下，在岸人民币比离岸人民币更贵，人民币原本应该回流至中国，然而，2016年1月至2017年7月，人民币跨境资本流动净流出规模达到2.6万亿人民币。这一反常现象是因为2015年10月，中国货币当局加强了美元资本流出管制。由于无法直接汇出美元，有一部分海外投资者

选择以人民币的方式汇回资本,也有一部分境内投资者以人民币的方式进行资本外逃(不再考虑汇差损失)。资本外逃开始集中体现在人民币跨境支付渠道。2016年底,货币当局进一步加强了人民币跨境资本流动监管,有效遏制了人民币跨境贸易结算净流出量。2017年1—7月,基于人民币跨境贸易结算渠道的人民币资本净流出3 400亿元,同比下降64%。

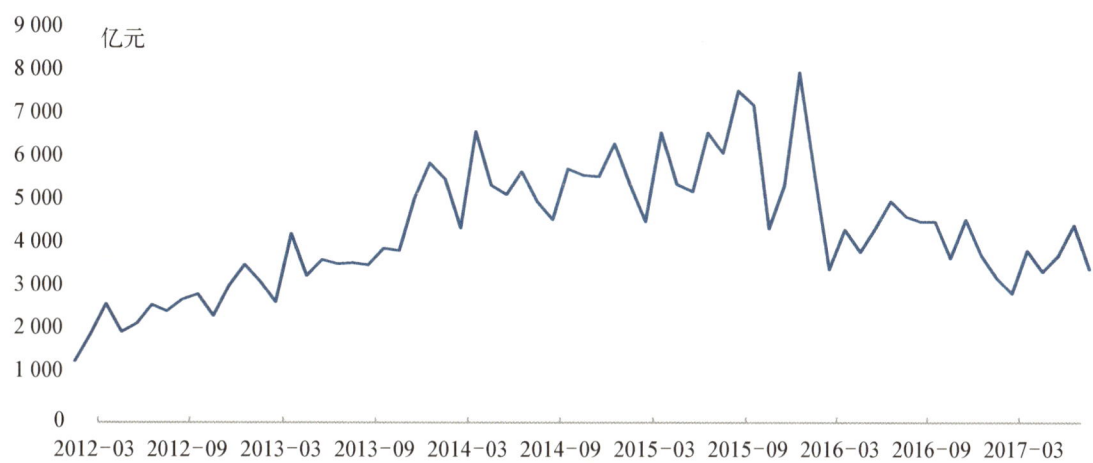

数据来源:wind数据库,下同。

图1 跨境人民币结算

离岸人民币存款规模逐步企稳回升

截至2017年6月,离岸人民币存款(包括中国香港、新加坡、中国台湾[1])总额为9 620亿元(图2),同比下降17%。自2015年"8·11"人民币汇改以来,全球主要离岸市场的人民币存款余额均有不同程度下跌。其中,香港人民币存款从2014年底1万亿元人民币的高点,腰斩至2017年6月5 200亿元左右。离岸人民币的资金池迅速下降,对离岸人民币流动性造成较大影响,导致离岸人民币利率出现较高波动。2017年5月份,中国人民银行在中间价报价模型中引入逆周期因子,央行重新获得了汇率价格的裁判权,市场依仗的"非对称贬值"优势落空,空头开始迅速后撤,人民币汇率迎来一波小幅升值,扭转了人民币贬值预期。随着在岸人民币汇率的走稳,离岸人民币资金池开始逐步企稳回升。

人民币汇率贬值预期压低离岸债券收益率,点心债发行量骤降

2017年1—7月,境外人民币债券发行总额仅为100亿元左右,基本陷入停滞。而2014年和2015年发行总额分别为人民币1 800亿元和900亿元左右。点心债发行缩水的

---

[1] Wind 英国和卢森堡人民币存款余额的数据到2014年年底,为了具有可比性,选择中国香港、中国台湾和新加坡这三个主要的离岸人民币存款市场。

图2 离岸人民币存款

原因主要是受到以下几个因素的影响：首先，从需求面看，离岸人民币资金池的缩水，降低了投资者对点心债的需求。其次，人民币汇率的贬值预期也是一个重要原因。2015年之前点心债的火爆在很大程度上源于投资者对人民币持续升值的预期，升值不仅能给投资者带来潜在收益，也给发行者节约了成本，而贬值则正好相反。购买点心债的投资者的实际收益来自于利息和汇兑收益，人民币汇率贬值预期使得投资者的整体回报下降。再次，从供给面看，由于在岸和离岸市场的循环渠道不断被打通，两地息差收窄，导致内地企业发行点心债的意愿下降。除此之外，同属国际发行的熊猫债也分流了部分资金。熊猫债与点心债发债的主体部分重叠，还可以依托人民币国内债市场（以银行间市场为主）的发展，这是点心债所不具备的优势。

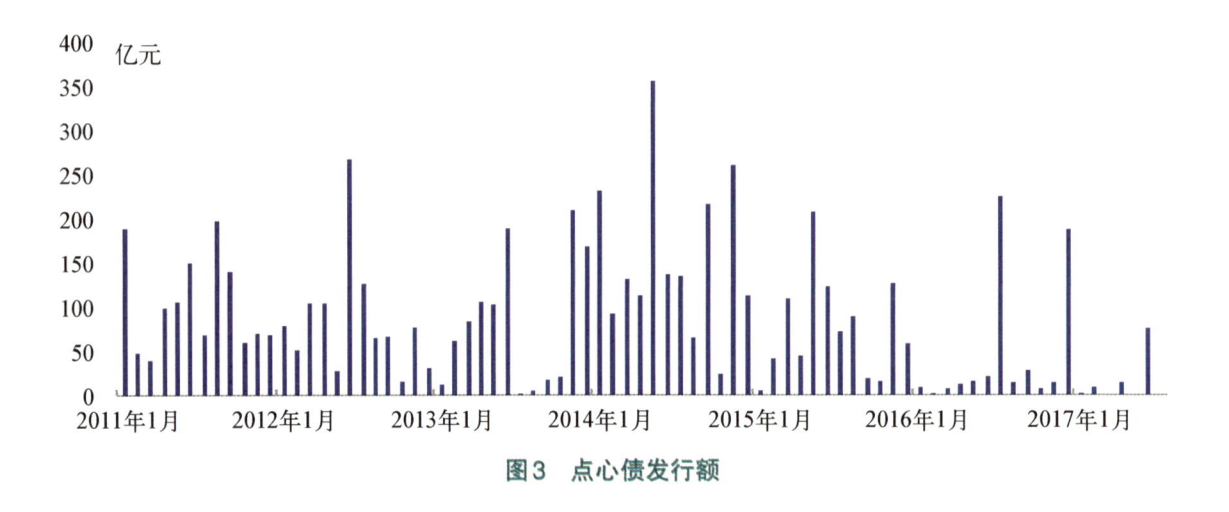

图3 点心债发行额

RQFII（人民币合格境外机构投资者）投资额度不断扩张，使用额度逐步回升

根据国家外汇管理局的最新数据，截至2017年7月底，已有222家境外机构获批RQFII资格，累计获批额度为5 482.4亿元人民币，这些境外机构主要集中在中国香

港、新加坡、韩国、英国、法国、澳大利亚。香港是境外RQFII机构最集中的地区,约占全球总规模的一半。在2017年7月之前,香港的RQFII额度为2 700亿元,且投资额度已用足。2017年7月4日,香港RQFII额度扩大至5 000亿元人民币,有助于进一步满足香港投资者对于人民币资产的配置需求,推动境内金融市场对外开放,密切内地与香港经济金融联系。RQFII的发展有助于带动境外人民币回流境内,为境外人民币提供投资渠道的同时,也促进了离岸人民币资金池发展,对人民币国际化具有很强的现实意义。

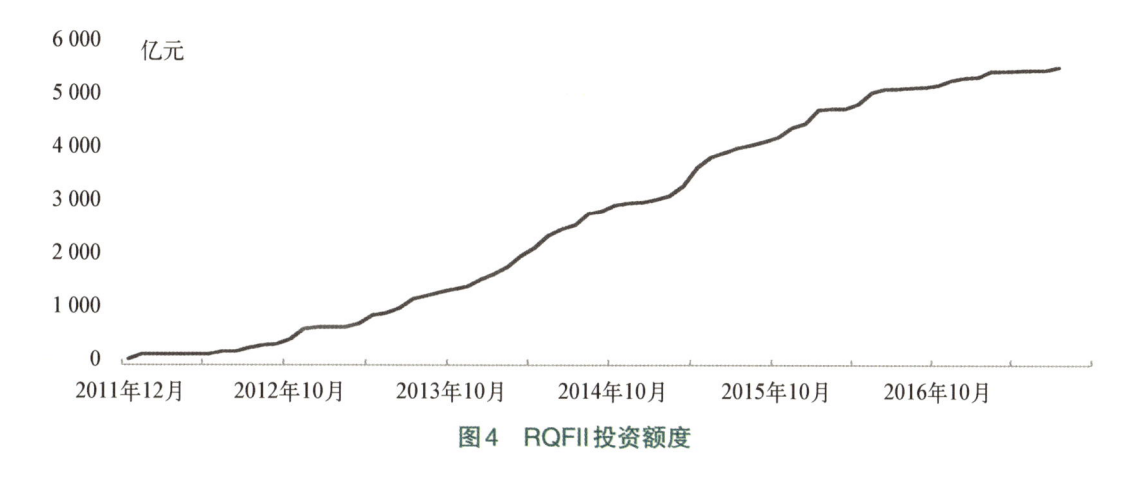

图4　RQFII投资额度

RQDII（人民币合格境内机构投资者）业务仍然处于停滞期

2014年12月央行发布《关于人民币合格境内机构投资者境外证券投资有关事项的通知》称,境内的合格机构投资者可采用人民币的形式投资境外的人民币资本市场,RQDII机制正式推出。RQDII允许以自有人民币资金或募集境内机构和个人人民币资金,投资于境外以人民币计价的产品。2015年"8·11"汇改后,人民币汇率出现较强贬值预期,2015年12月,央行窗口指导机构暂停申请新的人民币合格境内机构投资者相关业务,预防人民币贬值风险。随着人民币汇率弹性逐步上升,RQDII业务有望重新启动。

2016年10月,人民币正式加入SDR货币篮子,人民币正式成为国际储备货币。然而,离岸市场的人民币业务的低迷似乎与人民币日益扩大的国际影响力并不相符。究其原因,主要有以下三点。

其一,人民币汇率波动幅度扩大,跨境套利空间不复存在。图5表明,自2015年"8·11汇改"开始,人民币波动幅度扩大,离岸与在岸市场的汇率差距减小,人民币从此前的升值预期转为贬值预期。从历史数据来看,离岸人民币存款的累积很大程度上都是源于人民币跨境套利活动。随着人民币升值预期消失,双向波动加剧,这类套利活动迅速下降,离岸人民币存款也随之减少。

图5 人民币汇率

其二,美元周期性上升降低了人民币的吸引力,境内外主体持有美元意愿上升。截至2017年7月的数据表明,与上年同期相比,银行代客结汇占银行涉外总收入的比重从0.46上升至0.52,而银行代客售汇占银行涉外总支出的比重从0.48上升到0.53。虽然结售汇比率相对过去有所改善,但是企业对强势美元仍然持观望态度,一旦美元指数反弹,结售汇比率可能再度反映较强的持汇意愿。人民币国际化业务很大一部分由境内企业驱动。当人民币处于贬值通道时,离岸人民币相对在岸人民币价格更低,等额美元在香港可以比在内地获得更多人民币,那么进出口商会在香港结汇,再在内地购汇,减少香港人民币资金的供给。

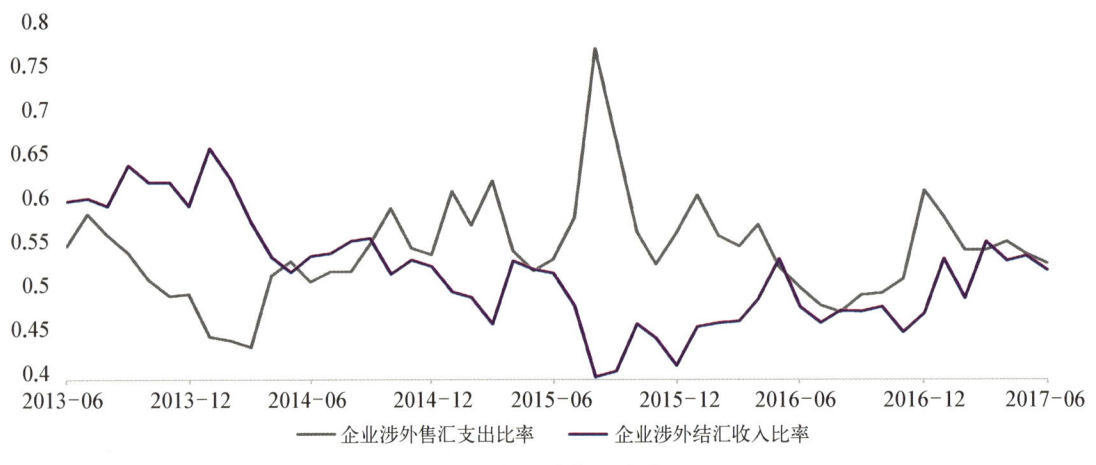

图6 企业结售汇比率

其三,离岸市场利率水平剧烈波动,缺乏流动性管理机制。随着境内人民币流动性大幅增加,境内融资成本基本保持稳定,与此同时,境外融资成本波动剧烈,点心债对境内企业的吸引力下降。离岸市场的交易员或者银行的从业人员,对汇率和利率定价的时候，大多数时候是参考在岸市场的交易。离岸市场没有实体经济的需求背景，离岸市场的外汇交易，大多数是用于对冲资产价格风险或者套利套汇，没有真实的贸易需求。离岸市场交易员无法对未来的价格有准确的预期，只能依靠在岸市场的汇率变化间接定价。"8·11汇改"之后，中国货币当局通过紧缩离岸市场流动性，增加离岸市场利率水平，提高离岸市场做空人民币的成本，这也在一定程度上增加离岸市场人民币利率波动率，降低了企业发行点心债的动力。

离岸市场人民币业务遇到的这些新问题，表明人民币国际化进程进入了一个新阶段

随着中国经济增长放缓、进出口贸易已趋平衡，人民币基本处于均衡合理水平，短期内升值空间有限。全球流动性和人民币流动性出现逆转，未来一段时间中美货币政策的分化会进一步加剧，中美利差下降和美元汇率上升将会继续降低人民币的吸引力。从贸易渠道来看，中国的外贸依然是以加工贸易为主导，产品定价权普遍较弱，很难继续增加人民币计价的比率。从资本流动渠道来看，官方对外援助或投资可以在一定程度上释放人民币流动性，但是国内金融机构的国际竞争力较弱，管理汇率风险的经验不足，对人民币国际化业务的推动作用相对有限。各方证据均表明人民币国际化已经从快速发展期进入平稳调整期。

随着国内利率市场化和汇率形成机制改革继续深化，市场主体开始适应境内外利差、汇差的波动，外汇市场对冲和避险需求将会越来越旺盛。离岸市场的体制优势可以为市场提供广泛而充分的风险对冲工具，对促进人民币的境外循环和广泛国际使用具有重要作用。未来可以通过加快产业升级和优化贸易结构，发掘人民币国际化的潜在动力。另一方面，在开放资本账户的过程中，货币当局仍然需要实施审慎监管政策，避免以金融泡沫的方式来推动人民币国际化。

中国社会科学院世界经济与政治研究所　肖立晟

2017年8月

银行间外汇市场发展及变化

(一) 银行间外汇市场概述

银行间外汇市场是指经国家外汇管理局批准,可以经营外汇业务的各类机构通过中国外汇交易中心进行不同币种间交易的市场。它于1994年成立,撤销各类外汇留成、上缴和额度管理制度,实现银行结售汇制度。这是中国外汇体制当年的重大改革,成为中国主要的外汇交易场所。被批准的各机构、公司等都在其中作为会员进行人民币和外币之间的交易。其中创立的中国外汇交易中心电子买卖平台,会员通过该平台进行交易。

银行间外汇市场是我国外汇市场的重要组成部分,从1994年到现在,市场的深度广度都有了显著的进步,为金融机构外币管理提供了极大的便利,也为汇率改革奠定了基础。

(二) 银行间外汇市场发展变化简析

1. 交易主体扩大

扩大市场参与主体是完善人民币汇率形成机制的重要举措。增加市场交易主体,将更有利于发挥银行间外汇市场的潜能,促进参与者性质的多样化,平衡市场参与者的结构,活跃市场交易。

近年来,为加快发展市场,我国境内外汇市场逐步开放。2015年,证监会批准央行类外资机构进入外汇市场,首批7家境外央行类机构进入中国银行间外汇市场。2016年,合格境外主体也被进一步引入,首批6家人民币购售业务境外参加行进入中国银行间外汇市场。除了引入境外机构,境内实体企业也被引入市场。早期于2005年,中化集团进入银行间外汇市场,成为首家银行间外汇市场的非金融企业会员。2016年,第二家非金融企业华为技术有限公司进入银行间外汇市场。

我国整个外汇市场的构成更加多元,市场越发平稳发展,现如今银行间外汇市场已发展成为具有较大规模的境内外汇交易市场。

2. 交易机制改进

2006年之前,我国银行间外汇市场实行集中竞价交易机制,交易者进行自主报价,而电子交易系统根据价格、时间优先的原则促成交易。这样的竞价机制在当时相关市场不完善的情况下能保证交易行为的透明性,确保了市场的正常运行。

2006年后市场实行竞价交易和询价交易共存的混合交易制度。2005年,即期询价交易相关通知文件发出,决定在2006年开始在银行间外汇市场提供双边询价交易,并引入做市商制度。询价制是指有授信关系的交易双方直接就各种相关问题进行磋商,双方统一意见后即可确认成交的交易制度;做市商是指经核准在市场上承担向会员不断提供外币交易买卖价格义务的会员。做市商制度的引进有利于价格发现,均衡市场,增加市场交易量,提高市场流动性;有助于促进竞争,提高价格透明度,使得汇率更市场化、公开化;有利于促进人民币汇率机制的完善。但中小金融机构在短期内会存在获取授信困难的局面,为满足交易需要,市场保留了竞价方式。

因此,我国银行间外汇市场的交易者不仅可以通过集中方式交易,还可以通过"双边授信、双边清算"的方式进行。目前,我国外汇交易模式为做市商报价驱动竞价交易模式。做市商进行自主报价,交易系统从中选取最优的报价,实时发布,同时按原则匹配会员交易请求,并将成交信息及时反馈给交易两边。

在市场中,做市商制与询价制两者具有彼此促进的作用。而由于我国外汇市场还是一个不成熟的市场,低要求、运作简单的询价制更适合我国市场,因此,我国银行间外汇市场以询价制为主导。

同时,电子交易平台在20多年间进行不断升级,愈发先进完善,外汇交易愈加便捷活跃,交易效率也不断提高。

3. 交易品种不断丰富

（1）汇率即期产品加快创新

汇率产品创新,直接交易币种加速增加。银行间外汇市场建立初期,市场内汇率产品数量有限,且很长一段时间内保持着3种产品的状态:人民币兑美元、港元、日元。到2005年,为了相关机构更便利地参与国际货币间交易,推出了8种外币之间的交易。

2006年,英镑兑人民币交易上市。截至2017年,外汇市场上交易的货币对共有9个。人民币直接交易币种加速增加,减少依托美元媒介的交易币种。为了促进双边贸易,减少交易费用,我国人民币直接交易币种自2010年不断增加,更由于人民币的国际化进程,增加速度加快,2016年增加12种不同货币的直接交易。截至2017年,直接交易货币对总数共22个。

(2) 汇率衍生品不断增加

随着人民币汇率市场化,汇率的浮动空间增大,汇率风险增大。针对这个风险,银行间外汇市场逐步推出远期交易和掉期交易的外汇衍生品。2005年8月,中国人民银行发布文件决定扩大远期结售汇业务并同时开办人民币与外币掉期业务,做好人民币汇率衍生品市场全面发展的准备。同年,我国外汇市场第一个衍生交易产品——银行间人民币外汇远期交易上线;在2006年、2007年和2011年,人民币外汇掉期、人民币外汇货币掉期、人民币外汇期权业务相应面市,上线进行交易。

(3) 推出新掉期产品和远期交易

2015年,交易中心推出标准化人民币外汇掉期产品。这是银行间外汇市场产品和交易模式的一种创新,是掉期市场一种新颖的成交渠道,对交易效率和衍生品市场的发展起到了极大的促进作用。

2016年,标准化人民币外汇远期交易开始实施,进一步活跃了银行间外汇市场远期交易,提高了市场交易效率。

4. 交易中心组织结构革新

中国外汇交易中心是中国人民银行总行直属事业单位,实行会员制,是我国银行间外汇市场的组织者和服务者。主要职能有:为银行间市场的产品买卖等提供服务,提供并维护银行间外汇交易系统,承担市场交易的日常监测工作,提供市场相关信息等一系列服务。成立中心对于当时的情况下是很有必要的,这是当局在市场发展初期对外汇市场基础设施建设的支持,对市场的成长起了重要作用。但是,中心是一个半官方的组织,它的职能之间有发生冲突的可能性,这样一来,一定的市场效率不可避免地会降低,且会员与中心之间可能会由于会员大会和理事会相对较弱的职责而产生矛盾。

因此在新的形势下,中心积极地寻求改革,倾向于实行公司制。2015年,中国人民银行原则同意中国外汇交易中心转制为企业。中心可以说是外汇交易的中介机构,需要提高工作效率,充分打造自己的竞争优势。通过公司制改造,中心可以提高对银行以及其他投资者的吸引力,吸引他们入股,提高商业运行效率和水平。

中心还逐步分离了清算业务。2011年,外汇即期竞价清算业务转移至银行间市场清算所股份有限公司;2013年,银行间外汇市场人民币外汇询价交易净额清算业务转移至上海清算所。同时,中国外汇交易中心与德交所集团也签订了合同,将在德国建立合资公司。

(三) 结论

近年来，我国不断推进人民币国际化和汇率市场化。2016年IMF正式将人民币纳入SDR货币篮子。人民币成为继美元、欧元、日元、英镑之后第五种加入SDR的货币。人民币在SDR比重为10.92%，超过日元和英镑位列第三。从2005年开始，中国将汇率制度由挂靠美元改为参考一篮子货币进行调节、有管理的浮动汇率制度。银行间外汇市场人民币对美元的波动区间逐渐增大，从最开始的0.3%，经过2007年、2012年、2014年的改动，波动率由0.5%持续扩大至1%、1.5%直至到2%。2015年12月，央行推出"收盘价＋篮子货币"新中间价定价机制。

伴随着人民币汇率形成机制的不断完善，外汇市场不断发展并取得了让人欣喜的明显进展。在20多年的发展中，银行间外汇市场参与者的数量不断增加，性质趋向多样化；交易品种不断创新、增加，满足了不同需要；交易中心的效率越来越高；交易机制更加成熟完善，外汇市场交易更加活跃，市场的资源配置作用更好地发挥出来，人民币汇率市场化进程进一步被推动。

浙江工业大学量化金融研究院　金颖　汪贵浦
2017年8月

参考文献：

[1] 李豫.银行间外汇市场发展历程与前景.中国货币市场.2007(6): 45–49.
[2] 栗书茵,范莹莹.我国银行间外汇市场交易机制模式探讨.现代财经-天津财经大学学报,2008(12): 14–18.
[3] 卢小柯,黄辰.我国银行间外汇市场交易制度的发展.中国证券期货,2013(8X): 31–31.
[4] 栗书茵,牛冬梅.我国银行间外汇市场产品差异化研究.经济纵横.2011(11): 100–103.
[5] 唐姣娇.我国汇率制度改革与银行间外汇市场发展分析.对外经贸,2006(5): 93–95.
[6] 姬丽婷.人民币银行间外汇市场研究.现代商业,2015(15): 249–250.

量化交易及策略之我观

一提到"量化交易",许多人的第一反应或许会想到时下最为流行的人工智能。

为何会如此呢?因为量化交易通常是指以先进的数学模型替代人为的主观判断,利用计算机技术从庞大的历史数据中海选能带来超额收益的多种"大概率"事件以制定策略,极大地减少了投资者情绪波动的影响,避免在市场极度狂热或悲观的情况下做出非理性的投资决策。

实际上,笔者经过多年的潜心研究发现,从研究经济的宏观到微观,从研究市场的基本面到技术面,从定性交易到定量交易,我们每个人在这个市场里面不断摸索的那一条路,其实就是一条"量化"之路,或许别人的道路会有所不同,至少笔者自己的路确实是这样。

举例来说,2017年4月6日,美国向叙利亚的空军基地发射59枚战斧式巡航导弹。从基本面来判断,这则消息短线必然对黄金的价格产生利好,因为地缘政治的紧张必然推动黄金的买盘,如果因为这则消息开仓做多黄金,本身就是传统的定性交易。关键是,基本面消息只能起到定性的作用,尽管大家都清楚地知道黄金要涨,但是,从量化的角度来看,黄金要涨多少?需要涨多长时间?完全没有量化的标准。

笔者认为,传统的定性交易与量化交易各有优缺点,两者的存在其实都有着重要的理论依据与基础。只不过,如果能把"定性的策略"进行量化运用,那么会起到非常好的效果。

较传统的定性交易,量化交易能够呈现以下三个较为明显的特征:

首先，概率优势。例如我们都清楚地缘政治紧张会导致避险买入黄金，但历史上有没有过黄金出现下跌的案例呢？量化交易能够从历史海量数据里进行统计，并寻找有效的历史行情与波动规律，设定标准与执行条件，能够在计算机筛选过程中获得概率优势。

其次，系统性优势。量化交易往往需建立一些数学模型，确认进场与出场标准，甚至资金管理，即加仓与减仓的标准等。根据量化模型进行运算，并非是凭感觉进行交易，这样能很大程度上弱化人性对于交易的冲击，如克服人性中的贪婪、恐惧、侥幸，等等。

最后，套利优势。由于量化交易可以借助计算机，所以根据设定已知条件，对市场进行价格全面、系统的扫描，能够快速地发现估值洼地，并通过买入低估资产、卖出高估资产而获利。不但可以做到同品种跨时间、跨市场套利，甚至复杂的数学模型也可以做到不同品种之间的价差套利。

当然，对于机构来说，硬件、团队和资金允许他们进行量化数学建模，可是对于普通的个人投资者来讲，又该如何呢？回到笔者文中一开始举的案例，实际上，涨多少，抽象出来的概念就是空间；涨多长时间，抽象出来的概念就是时间。

笔者认为，量化空间其实并不难，比如双顶、双底的一倍目标位，再比如黄金分割的38.2%和61.8%回撤等。积累足够深厚的技术功底，对于理论目标空间的计算早晚都能吃透。真正的难点在于量化时间。笔者甚至发现有许多投资者在交易过程中，根本就没有意识到时间这个维度。

时间是一个比空间更加抽象的概念，也是维度更高的一个概念。我们人类对于世界的最直观感受其实就是三维空间，即长宽高（一维世界是线，二维世界则为平面，三维世界立体）。后来，爱因斯坦相对论指出，时间也是一个维度，并且大家也能感受到时间的不断流逝，所以大家就默认"三维世界+时间"属于四维世界。

那么，时间对于我们做量化交易到底有什么启发呢？当然有，因为细化到每个投资者的交易界面，实际上X轴代表的就是时间，Y轴代表的就是空间。寻找正确的市场进出场点，就是在寻找XY轴的共振点。但是，由于时间的维度比空间的维度高，如果能够正确理解时间的运行方式，那么结合空间的波动规律，找出XY轴的共振点就会变成现实，也就是笔者所研究的《时空共振定量交易法》。

仔细思考一下，对于一维世界来说，二维世界是否就是神一样的存在？为什么？因为无数个一维的平行世界组成了二维世界。同理，我们立体的三维世界至于二维的平面世界完全就是造物主一样的存在。而我们无法理解的四维世界之于我们，其实就是无数个三维世界的叠加，或许在宗教上，我们会称之为——神。

想象一下，当我们踏入时间维度的门槛，时间维度又高于空间维度，那么您是否也能开始神一般的准确预测？是否也能够触摸到技术分析的终极追求目标：何时见何价呢？

答案是肯定的，因为笔者通过探索时空的量化交易，已经体验到交易的无穷乐趣。

FX168财经学院副院长、高级金融分析师　许亚鑫

2017年8月

区块链——金融市场的革新技术

2008年，中本聪（Satoshi Nakamoto）在当年金融危机的大时代背景下，对于世界金融体系存在的若干缺陷——缺乏透明度、缺乏风险应对能力、缺乏均衡的分配与缺乏个人隐私保护，提出创新的技术解决方案。中本聪是以所谓区块链（Blockchain）技术来解决上述金融市场之缺陷，区块链是分布式数据存储、点对点传输、共识机制、加密算法等计算机技术的新型应用模式，因为区块链的本质是一个去中心化的数据库，又称作分布式记账技术（distributed ledger），是现今金融领域内诸多创新的基础技术。分布式记账的核心特点是开放性以及去中心化，起初作为虚拟货币——比特币底层的架构平台和运行机制得以发展起来。也就是借由一串使用密码学方法相关链产生的数据块，并运用密码学方式来保证不可篡改与不可伪造的分布式账本。

经过将近十年的发展，区块链技术应用范围逐渐扩大，特别是在金融领域上，不论是银行业、保险业、金融服务业，甚至包括实体产业（汽车、教育、贸易、旅游等），都有具体应用。尤其在电子支付、智能合约、数字身份的应用方面，更是发展迅速。事实上，在金融市场与商业交易中，区块链技术可以直接记录两方的交易信息，分布式记账亦能减少交易环节、缩短交割时间、降低抵押品需求并节省中间操作环节的费用。这些优点自然让金融界迅速认识到区块链技术具有提升交易效率、降低交易成本的潜力，并已在着手开发诸多可行的应用。

根据专家预测,区块链技术市场规模应用在银行业、保险业、金融服务业,将由2016年的6 720万美元增加到2021年的6.2亿美元。虽然市场规模尚小,但却是金融业过去几年成长最快速的领域之一。

事实上,除了一般金融业对于区块链技术青睐,世界主要交易所对于区块链技术与发展尤为重视。例如德意志交易所集团(德交所)已作了大量投入,研究将区块链技术运用在最顶尖服务上。

德交所在此方面最新的进展是与流动性联盟(Liquidity Alliance)合作,把区块链解决方案运用在跨境证券流通上。流动性联盟是中央证券结算托管行的全球性组织。合作的目的是简化抵押品的跨境流通。自金融危机之后,监管机构提升了市场参与者提供抵押品的要求,以应对金融体系中的风险。美国的《多德弗兰克法案(Dodd-Frank Act)》和欧洲的《欧洲市场基础设施监管规则(EMIR)》是相应的最重要的监管框架,使得市场在通道有限的情况下提升了对高品质抵押品的需求。而在共同开发的LA账目(LA Ledger)模型旨在不同司法管辖区内,实现集中的和更快捷、高效的证券转移,使得市场参与者可满足金融监管需求。

同时,德交所与德国央行在共同研发基于区块链技术的证券交易结算模型。该模型旨在在款券对付模式下实现集中发行的电子货币,以及电子货币之间或电子证券之间的结算过程中使用区块链技术。

未来,随着区块链技术应用更加成熟,我们预期金融业在支付、财产保险索赔、银行团联贷、贸易金融、CoCo债券,以及投资管理:合规自动化与代理投票,市场供应:资产在抵押与股权交易后处理(资料来源:区块链铅笔)等实际运用将更广泛。至于以区块链为底层技术的数字或虚拟货币交易,以及衍生的首次代币发行(ICO)将受到更严格的监管与规范。

德意志交易所集团北京代表处首席代表　毋元忠
2017年9月

第9部分

附 录

（一）特别鸣谢为本蓝皮书撰写提供支持的机构（按首字母排序）

ACY稀万、ADS Securities、AETOS CAPITAL GROUP、AFUFX、alpari艾福瑞、AvaTrade爱华、AxiTrader、Bacera澳洲百汇、BCFX奔德尔、Benefit Zone Global宝富国际、佰利安环球投资有限公司、Brickhill Capital赢磐国际、City Credit Capital UK、CityWealth西城集团、CMG迈捷、大田环球、大田环球贵金属、Darwinex、帝国汇IMPFX、EightCap易汇、EratoFX亿瑞拓、e投睿eToro、EWGfx、FCT领先外汇、FOREX.com嘉盛集团、FXBTG Financial Limited、FXCM福汇、Fxprimus、FxPro浦汇、FX88、富格林有限公司、福瑞斯金融集团（Forex Club）、GKFX捷凯金融、GLO、Global Market Index Limited、Goldland Capital Group、GO Markets高汇、GSCMfx、国盛金业有限公司、HYCM兴业投资（英国）、ICM Capital英国艾森、Just2Trade捷仕交易、金荣中国金融业有限公司、klimex、KVB Kunlun、老虎外汇、Longasia Group长亚外汇、玫瑰石外汇、NCL纽卡斯集团、OANDA、Pepperstone Group Limited澳大利亚激石集团有限公司、瑞讯银行Swissquote Bank、SAXOBANK机构业务、Synergy Financial Markets Pty Ltd、斯珂国际circlefx、三立集团SL INDUSTRIAL CO LIMITED、塞浦路斯金道成有限公司、狮子金融集团、TempleFX坦普外汇、Trilt limited、UBANKFX、USGFX联准国际、Vantage FX、Windsor Brokers温莎经纪、韦德国际、XCOQ爱客金融、XM、香港国泰金业有限公司、英国特汇TeraFX、英国SVSFX、英诺创新企业管理咨询有限公司、易信easyMarkets、Z.com Trade。

(二)外汇经纪商名录

经纪商名称	LOGO	监管机构	平台性质	欧美点差	最低入金	最大杠杆	交易平台	微信公众号
CMC Markets		ASIC,FMA FCA 全牌 MAS, 其他	做市商	0.7	零入金	500	自有平台	cmcmarketsapac
IC Markets		ASIC	STP,ECN, 无交易员	0.1	200USD	500	MT4,MT5,cTrader	ICMarketsasia
GKFX 捷凯金融		FCA 全牌	STP	1.57	200USD	400	MT4, 自有平台	gkfx_cn
AxiTrader		ASIC FCA 全牌	STP,ECN	1.4	零入金	400	MT4	AXI 外汇交易者联盟
FXTM 富拓		CYSEC IFSC	ECN	0.1	5USD	1 000	MT4,MT5	fxtmcn
易信 easyMarkets		ASIC CYSEC	做市商	1.8	零入金	400	MT4, 自有平台	easyMarkets_cn
ActivTrades Plc		FCA 全牌	做市商, 无交易员	1.7	100USD	400	MT4,MT5, 自有平台	暂无收录
FxPro		CYSEC FCA 全牌	ECN 无交易员	1.4	100USD	500	MT4,MT5,cTrader	FxPro 浦汇
UFX 优汇		CYSEC	做市商	2	100USD	400	MT4, 自有平台	UFX2007
美联金融		ASIC	STP,ECN	2	100USD	500	MT4	暂无收录
国王金融		FSP	STP,ECN	2	100USD	200	MT4	国王金融
OANDA 安达		ASIC FCA 全牌 CFTC, MAS IIROC	做市商	1.2	20USD	100	MT4, 自有平台	OANDA_SG

（续表）

经纪商名称	LOGO	监管机构	平台性质	欧美点差	最低入金	最大杠杆	交易平台	微信公众号
IG		ASIC FCA 全牌	STP, 无交易员	0.75	200USD	200	MT4	IGMarkets_CFD
FXCM 福汇英国		ASIC FCA 全牌	做市商	1	100USD	400	MT4, 自有平台	FXCM 福汇集团
Swissquote		FINMA FCA 全牌 其他	STP	1	1000USD	400	MT4,MT5, 自有平台	swissquote_bank
迈肯司 MARKETS.COM CN		ASIC	做市商, ECN 无交易员	1.4	500USD	400	MT4	Markets_China
INFINOX 英诺		FCA 全牌	STP,ECN	1.2	100USD	50	MT4	Infinox
KVB 昆仑国际		ASIC,FMA SFC, 其他	STP	2	100USD	200	MT4	kvbkunlun2006
Pepperstone 激石		ASIC FCA 全牌	STP,ECN	1.2	800USD	500	MT4,MT5, 自有平台	激石 pepperstone
SVSFX		FCA 全牌	STP	1.8	500USD	400	MT4	SVSFXChina
ThinkMarkets 智汇		ASIC FCA 全牌	STP,ECN	1.1	250USD	400	MT4, 自有平台	ThinkMarkets
Forex.com 嘉盛集团		ASIC FCA 全牌 FSAJ, SFC CFTC NFA, MAS CIMA, IIROC	做市商, ECN	1.9	50USD	400	MT4, 自有平台	jiashengjituan
BMFN		ASIC, FSP, FCA EEA 牌, 其他	STP, 其他	1.8	100USD	200	MT4, 自有平台	BMFN_China
兴业投资		FCA 全牌	做市商, 其他	1.8	100USD	200	MT4, 自有平台	xingyetouzi
Z.com Trade		FCA 全牌	STP	2	零入金	200	MT4	暂无收录

144

（续表）

经纪商名称	LOGO	监管机构	平台性质	欧美点差	最低入金	最大杠杆	交易平台	微信公众号
Blackwell		CYSEC, FCA 全牌 FSP	STP	1.8	零入金	100	MT4, 自有平台	BGIFX2688
TempleFX 坦普		FCA 全牌	STP	2	100USD	400	MT4	TempleFX 坦普
HonFX		FCA AR 牌	STP,ECN	0.3	500USD	100	MT4	暂无收录
Windsor Brokers 温莎经纪		CYSEC FCA EEA 牌 其他	STP,ECN	0.4	500USD	400	MT4	WindsorBrokers
ALPHA 英国阿尔法		FCA 全牌	做市商, STP,ECN	1.8	零入金	400	MT4, 自有平台	ACMGROUP
英国汇莱赛		FCA 全牌 FSAJ, 其他	STP	1.9	50RMB	300	MT4, 自有平台	暂无收录
alpari 艾福瑞		IFSC 俄罗斯央行	ECN	0.6	零入金	1 000	MT4,MT5	Alpari_China
XM 外汇		ASIC, CYSEC FCA 全牌	STP	1.7	5USD	888	MT4	xm_china
ACY 稀万		ASIC	无交易员	1.8	100USD	500	MT4	acyx2013
ADSSecurities 达汇		FCA 全牌 SFC 阿联酋央行	STP	1.9	500USD	500	MT4	adsforex
GO Markets 高汇		ASIC	STP	1.8	500USD	300	MT4	godaily
ICM Capital		FCA 全牌	ECN	1.3	200USD	200	MT4	ICMCapital
IFC Markets		CYSEC, BVI FSC	STP,ECN	1.8	1 000USD	400	MT4, 自有平台	暂无收录

（续表）

经纪商名称	LOGO	监管机构	平台性质	欧美点差	最低入金	最大杠杆	交易平台	微信公众号
Bacera	BACERA	ASIC	STP	1.7	300USD	400	MT4	bacera_au
IMPFX 帝国汇	IMPFX	ASIC	做市商	3	50USD	500	MT4	impfxbrisbane
TAHOE 泰浩	TAHOE	IFSC	ECN	1.8	200USD	500	MT4	TahoeFX 泰汇
BHC 赢磐国际	BRICKHILL CAPITAL 赢磐国际	FSP FCA AR 牌 IFSC	STP	2.8	1USD	400	MT4	BHC 赢磐国际
杜高斯贝银行	Dukascopy	FINMA	STP,ECN	0.29	1 000USD	200	MT4, 自有平台	Dukascopy-SA
USGFX 联准国际	USG	ASIC	STP,ECN	1.3	100USD	500	MT4	usgfxchina
FXBTG	FXBTG	FSP	STP,ECN	2.1	2 000USD	400	MT4	FXBTG-BANK
Darwinex	darwinex	FCA 全牌	STP	0.3	500USD	200	MT4	暂无收录
BAA TRADING SERVICES LIMITED	BAAFX 宝汇国际	VFSC	做市商,STP	20	300USD	100	MT4	baafx-com
欧福市场	欧福市场	FCA 全牌	STP,ECN	1.5	250USD	400	MT4	欧福市场外汇交易商
EVO 达尔环球	达尔环球	FSP	STP	1.8	100USD	100	MT4,MT5	evotrading
JustForex	JustForex	IFSC	ECN, 无交易员	2	零入金	2 000	MT4, 自有平台	暂无收录
大通金融	MEX 大通金融集团	ASIC FCA 全牌 BVI FSC	STP,ECN	1.4	200USD	500	MT4	mex_group

第9部分 附录

（续表）

经纪商名称	LOGO	监管机构	平台性质	欧美点差	最低入金	最大杠杆	交易平台	微信公众号
BFS 牛汇		VFSC, 其他	STP	2	5USD	1 000	MT4	BFSforex2016
AvaTrade		ASIC,FSAJ BVI FSC 爱尔兰央行	STP,ECN	1.8	100USD	400	MT4	AvaTrade_China
Hot Forex		CYSEC, 其他	STP	1.2	5USD	1 000	MT4	HotForex 合伴
EWGfx		ASIC	STP,ECN	1.7	500USD	400	MT4	EWGforex
MMIG NZ		FSP	ECN	1.8	100USD	100	MT4	市商亚洲
VANTAGE FX		ASIC	STP	2	100USD	400	MT4	dbyyyg777
City Credit Capital		FCA 全牌	做市商	3	500USD	100	自有平台	cccukcn
EXNESS		CYSEC	做市商 ,ECN	1	2 000USD	自定义调整	MT4,MT5	exnesscs
RoboForex		IFSC	做市商 STP	1.53	零入金	500	MT4,MT5 cTrader 自有平台	robotrade
OctaFX		其他	STP, 无交易员	0.3	100RMB	500	MT4,cTrader	OctaFX 经纪商
亨达国际金融		ASIC FCA 全牌 , FSP 香港金银业贸易场	STP	1.17	N/A	100	MT4, 自有平台	nzhantec
TusarFX		其他	做市商 ,ECN	1	零入金	500	MT4	暂无收录
宝富国际		ASIC	STP,ECN	2.3	100USD	400	MT4	beneforex

（续表）

经纪商名称	LOGO	监管机构	平台性质	欧美点差	最低入金	最大杠杆	交易平台	微信公众号
LMAX		FCA 全牌	MTF	0.18	10 000USD	100	MT4, 自有平台	LMAXexchange
IRC LTD		其他	STP	2	300USD	150	MT4	InterRock_Capital
盈透证券		CFTC,NFA SEC	ECN	N/A	10 000USD	40	自有平台	IB 美国盈透
ATFX		FCA 全牌, CYSEC	STP	1.8	100USD	200	MT4	暂无收录
FXDD		其他	做市商 STP,ECN	1.7	零入金	400	MT4	FXDDCN
Land FX		CYSEC FCA 全牌 其他	STP,ECN	1.2	300USD	500	MT4	Land-FX
Liteforex		CYSEC	STP	1.3	50USD	1 000	MT4	暂无收录
TeraFX		FCA 全牌	STP	1.2	100USD	400	MT4	terafx
FBS		IFSC	STP,ECN	0.5	1USD	3 000	MT4,MT5	FBS 外汇平台
博汇 Bondex		IFSC	STP,ECN, 无交易员	18	500USD	200	MT4	Bondexfx
SynergyFX		ASIC	STP,ECN	0.4	零入金	500	MT4	SynergyFX-Asia
GPP 高朋金融		FSP	STP, 无交易员	1.8	100USD	200	MT4	GPP_info
e 投睿 eToro		CYSEC FCA 全牌	STP	3	500USD	400	自有平台	eToroChina

第9部分 附录

（续表）

经纪商名称	LOGO	监管机构	平台性质	欧美点差	最低入金	最大杠杆	交易平台	微信公众号
Admiral Markets Pty 艾迪麦		ASIC	做市商 STP, ECN 无交易员	1.4	200USD	500	MT4	admiral_markets
Fxprimus		CYSEC FCA EEA 牌	STP,ECN	0.4	100USD	1 000	MT4	FXPrimus 百利汇
亨达外汇		ASIC	STP	0.57	零入金	400	MT4	HMAForex
Infin Markets		CYSEC	STP	1.8	1 000USD	400	MT4,自有平台	暂无收录
EightCap 澳洲易汇		ASIC	STP,ECN	1	200USD	400	MT4	易汇 EightCap
Treasure Bay 海湾资本		ASIC	STP,ECN	1.6	100USD	400	MT4	暂无收录
Black Horse		FCA AR 牌	STP,ECN	1.7	250USD	200	MT4	W_BlackHorse
AETOS 艾拓思		ASIC,FCA 全牌	STP,ECN	1.8	250USD	400	MT4	AETOS CapitalGroup
Klimex		ASIC	STP	1.8	100USD	400	MT4	Klimex 外汇
世透国际		CYSEC FCA 全牌	STP,ECN	1.8	20USD	500	MT4,自有平台	sto-cn
TeleTrade 特理汇		CYSEC,FCA EEA 牌	做市商 STP	3	2 000USD	500	MT4	ttwaihui
Trilt Limited		CYSEC FCA EEA 牌 其他	STP	2	10USD	500	MT4	triltfx
金道环球投资		FCA 全牌 SFC,VFSC	STP, 无交易员	1.6	200USD	500	MT4,自有平台	gwfx-com

（续表）

经纪商名称	LOGO	监管机构	平台性质	欧美点差	最低入金	最大杠杆	交易平台	微信公众号
XCOQ 爱客金融		ASIC	做市商 STP,ECN	1.8	500USD	200	MT4	XCOQPro
GMI		FCA 全牌	STP,ECN	2.4	2 000USD	200	MT4,自有平台	Global-Market-Index
City Wealth		FSP	STP,ECN, 无交易员	1	200USD	400	MT4	citywealth
FIBO		CYSEC,BVI FSC,FCA EEA 牌	做市商 STP, 无交易员	2	300USD	400	MT4,MT5, cTrader	FIBOGROUP
UBANK FX		FSP,VFSC	STP	1.8	50USD	500	MT4	ubankfx
FXOpen		ASIC,FCA 全牌	STP,ECN	N/A	100USD	500	MT4	暂无收录
Berndale Capital Securities Pty Ltd		ASIC	STP,ECN	1.7	250USD	300	MT4	BCFX-CHINA
老虎外汇		ASIC	STP, 无交易员	1.8	50USD	200	MT4,自有平台	Tiger_Wit
Formax 福亿		FSP,其他	做市商 STP,ECN	2	10USD	1 000	MT4	FormaxJRQ
美孚金融		FSP,VFSC	ECN	2	50USD	400	MT4	美孚外汇
英国韦德国际		FCA AR 牌	STP	1.8	1 000USD	200	MT4	韦德外汇
Goldland		ASIC	STP, 无交易员	1.8	1 000USD	400	MT4	gcgtradingau
EratoFX 亿瑞拓		FSP	STP	1.6	100USD	1 000	MT4	EratoFX

（续表）

经纪商名称	LOGO	监管机构	平台性质	欧美点差	最低入金	最大杠杆	交易平台	微信公众号
ETX Capital		FCA 全牌	STP	1.1	100USD	200	MT4,自有平台	暂无收录
金钻集团		FSP	STP,无交易员	22	100USD	400	MT4	暂无收录
Fullerton Markets		FSP	STP	N/A	200USD	500	MT4	暂无收录
吉锋投资		FSP	STP,ECN,无交易员	10	50USD	200	MT4	暂无收录
FXPHC 普惠世纪		FSP	STP,ECN	2.1	100USD	200	MT4	普惠世纪
ATOM Markets		VFSC	STP	1.8	100USD	200	MT4	暂无收录
SL Industrial Trader		FSP	STP	2.3	100USD	500	MT4	SL-1dianfx
尤尼克斯 UNX		FSP	STP	N/A	零入金	200	MT4	unx-asia
纽卡斯集团		其他	STP,ECN	1.8	100USD	100	MT4	NCL 财经客
宜汇国际		CYSEC,FSP	STP,ECN	2.4	100USD	100	MT4	宜汇国际 SGL
STD 标准外汇		ASIC	STP	0.2	10USD	1 000	MT4	StdForex
玫瑰石外汇		FSP	STP,ECN,无交易员	1.6	100USD	400	MT4,MT5	玫瑰石汇所
FXOptimax		其他	STP	N/A	10USD	1 000	MT4,自有平台	暂无收录

（续表）

经纪商名称	LOGO	监管机构	平台性质	欧美点差	最低入金	最大杠杆	交易平台	微信公众号
FCT领先外汇		FSP	STP,ECN	2	100USD	100	MT4	FCT领先外汇
Xtrade		IFSC	做市商	N/A	100USD	400	自有平台	暂无收录
GAAFX		VFSC	STP,ECN,无交易员	21	200USD	100	MT5	暂无收录

注：以上为截至2017年9月底的数据，信息均来自FX168点评旗舰店。当前各大公司信息变更频繁，最新数据请登录FX168点评旗舰店查询。所有信息仅供投资者参考，不构成投资建议。

FOREX.com 嘉盛集团 值得信赖

全球网上交易行业引领者之一

诚信 母公司GAIN Capital Holdings Inc. 纽交所上市（NYSE代码：GCAP）

实力 拥有大约18万客户，超过14亿美元资产

安心 全球8大金融管辖区监管，账户隔离，资金安全

远见 洞悉全球金融监管风向

贴心 服务全球华人客户长达10多年之久

省心 一对一专属市场策略师解读行情，管理风险*

- WeChat
- 400-8428138
- www.FOREX.com
- cn.support@forex.com

*专属市场策略师的服务一般针对于账户金额在 $5,000美元以上的真实账户。
*交易有风险，亏损可能超出您的账户注资。

三重保障

- 12年澳大利亚ASIC合规监管

  AFSL NO.302792 ABN NO.79117658349 ACN NO.117658349

- 澳联邦银行信托账户

  客户资金隔离存放，非本人绝对不可触碰

- 附加投保PI险

  单次赔付2000万澳币，行之有效的投资高防护

六大优势

- 永续共赢 合作关系
- 7*24小时 全球营运
- 产品灵活 交易简便
- 资金安全 严格管控
- 高速执行 稳定环境
- 入金方便 出金高效

USG Australian Forex Marketplace

www.usgfx.com

service@usgfx.com

IX一站式金融云服务平台
白标解决方案供应商

- 外汇
- 贵金属
- 股票
- 指数
- 期货

雲信金融 IX Capital Markets

IX一站式金融云服务平台
助您建立最先进便捷的交易平台

ABOUT US
公司简介

云信金融总部位于香港，致力于为国际高端金融人士提供一站式金融云服务平台。我们秉持"公平、透明、高效、安全"的服务宗旨，凭借丰富的市场经验和雄厚的技术实力，为合作伙伴提供包含云服务器搭建管理、数据源及LP接入、APP专属软件定制、CRM客户管理系统、智能客服管理系统、多级代理商管理系统、清算风控管理工具和金融牌照协办等多方服务。

SERVICE CONTENT
服务内容

- 云服务器搭建管理
- APP专属软件定制
- 智能客服管理系统
- 清算风控管理工具
- 数据源及LP接入
- CRM客户管理系统
- 多级代理商管理系统
- 更多支撑服务

雲信金融(香港)有限公司 IX CAPITAL MARKETS (HK) LTD

☎ (852)3713 2100 / (852)3713 2220
　 (852)3713 2221 / (852)3713 2222
📞 (86)159 2076 2378 / (86)159 2076 1458

🌐 www.ix.market
✉ info@ix.market
📍 香港九龙尖沙咀柯士甸道29号6楼

AXITRADER
By Traders · For Traders
为交易而生

澳洲最值得信赖的**外汇券商**

✓ 低点差　　✓ 高返佣　　✓ IB代理实时结算佣金　　✓ 支持分级代理及白标

数十亿
每天超数
十亿美元成交量

99.99%
每天99.99%的
正常运行

30%
比香港服务器的
经纪商快30%

97%
超过97%的
客户没有滑点

- 澳大利亚的ASIC（**AFSL编号:318232**）监管
- 英国的FCA（**FCA 编号:509746**）监管
- 严格保护客户资金,并有**100%**的安全隔离账户
- 澳大利亚信用**AA级**银行
  （澳大利亚国民银行和巴克莱银行）托管

✉ www.axitrader.com/cn
☎ 400 6037896
✉ service@axitrader.com.cn

easyMarkets 易信

— SINCE 2001 —

YOUR IDEAL TRADING PARTNER

选择易信easyMarkets 畅享投资未来

- 易信easyMarkets成立于**2001年**，是在线做市商的先驱。

- 易信easyMarkets总部位于**塞浦路斯**，具备**澳大利亚投资委员会ASIC(监管号：246566)** 和**塞浦路斯证监会CySEC (监管号：079/07)** 双重权威监管。

- 易信easyMarkets现服务于全球150多个国家，在欧盟塞浦路斯，澳大利亚，中国等地均设有办事处，提供多语言和多样化产品服务。

- 易信easyMarkets将客户资金和运营资金实现三方隔离，保障资金安全。

为何选择易信easyMarkets交易平台

- **固定点差**：避免市场变化而扩大交易成本
- **交易取消功能**：挽回损失，降低风险
- **有效止损**：订单无滑点
- **负余额保护**：杜绝一切穿仓现象
- **多种入金方式**：信用卡｜网银｜微信
- **免费培训**：各类电子书／视频／在线讲座

丰富多元化投资产品

外汇　商品　指数　金属　期权

交易取消功能
Deal Cancellation
独家风控工具，**60分钟**内可**取消亏损合约**。

推广大使计划
AmbassadorPlan
▸ 低门槛高回报　▸ 最高奖励¥40000　▸ 个性定制专属推荐渠道

易信 easyMarkets
https://chn.easymarkets.com

TeraFX 特汇 UK

FCA
FINANCIAL CONDUCT AUTHORITY

核心优势
CORE STRENGTH

公司简介
COMPANY PROFILE

TeraFX特汇是一家总部位于英国伦敦，并受英国金融行为监管局（FCA）监管的国际外汇交易平台商。我们向客户提供超过60种外汇、贵金属、国际原油、股票指数等产品，满足机构和个人投资者多种交易需求。我们致力于为全世界的投资者提供一流的外汇交易服务，我们的使命是为客户提供一流的外汇交易体验。

FCA监管

TeraFX特汇一直把客户资金安全放在首位，致力于打造一个安全透明的交易环境。TeraFX特汇直接受英国金融行为监管局FCA全牌照监管，监管号为564741。

TeraFX特汇交易系统的每一笔资金往来均受到FCA的严格审核和监控，避免出现任何损害投资者利益的行为。

100万英镑商业保险

英国老牌外汇交易商TeraFX特汇为客户提供一个100W英镑的商业保险。投资者无需额外支付任何费用，TeraFX特汇的真实账户持有者自动享有此项保险福利。任何一个索赔者尊享100W英镑资金安全。TeraFX特汇也是目前为数不多的为客户购买此项资金保险的优秀交易商之一。

保险单号码：B0880TERAEC3.

代理优势

优厚的利润收入和返佣分享；
MAM高效多账户管理后台；
全方位市场支持，品牌资源共享；
赞助合办形式多样的线下活动；
丰富专业的教育培训资源；
1对1专属客服与售后支持；

YOUR GLOBAL TRADING PARTNER

咨询热线：4001588099
客服邮箱：info_cn@terafx.co.uk
官方网站 https://www.terafx.com

Bondex

Build For Traders | 只为交易

看得见的深度
成就令人仰望的高度

LARGE
AS THINK

Z.com TRADE

外汇交易量世界No.1*

Z.com Trade 专门从事网上交易服务，覆盖广泛的市场，包括外汇、指数和商品。基于集团关联公司GMO CLICK Securities,Inc.在日本市场的成功，并且为了使网上交易服务延伸到世界各国，我们由东京延伸到世界各地，在世界主要的金融中心伦敦和香港均设立了办事处。

Z.com Trade技慕环球通金融的母公司为GMO Financial Holdings, Inc., 于东京证券交易所上市（JASDAQ市场股份代号：7177）。外汇交易服务采用公平可靠的STP直通模式，产品涵盖主要货币组合、贵金属、指数以及商品期货，为客户提供最理想的交易环境。

月交易额超过 **9,000亿美元**

占有超过 **20%** 的全球外汇交易市场份额

30多种产品　　**杠杆比例可高达400倍**

展位号码 **10号**

- 外汇
- 差价合约
- 指数
- 大宗商品

B2B合作方案

- ✓ IB代理
- ✓ 流动性解决方案
- ✓ 白标

全球范围内授权并监管

日本 FSA	香港 SFC	英国 FCA
GMOCLICK SECURITIES FXPRIME by GMO	香港	GMO-Z.com Trade UK Ltd.
	GMO-Z.com Forex HK Ltd.	圣文森特
	GMO-Z.com Bullion HK Ltd.	GMO-Z.com Trade Ltd.

交易平台

auton　　MetaTrader 4

技慕环球通金融有限公司

*根据Finance Magnates「2012至2016年外汇交易量调查报告」，GMO CLICK Securites, Inc. 于2012年至2016年零售外汇交易量获得第一位。
差价合约及交易杠杆式产品涉及高风险，您所蒙受的亏损可能会超过您的存款金额，并需要存入额外资金。我们并不提供意见或建议，如您对我们的服务与您的投资需求和目标的合适性抱有疑问，您应寻求独立意见。请确保您已全面理解所有风险。

trade.z.com/sc/
cs.trade@z.com

阿曼那资本
amana capital

纵享非凡体验的时刻

www.amanacapital.com

全面监管的经纪人

- FCA 金融行为监管局
- DFSA 迪拜金融服务管理局
- CySec 塞浦路斯证券交易委员会
- 黎巴嫩银行

丰富的交易产品组合

- 外汇
- 现金差价合约
- 期货差价合约
- 能源现货
- 金属现货
- 加密货币

先进的信号、研究和分析工具

- autochartist.com
- TRADING CENTRAL
- Claws & Horns

我们值得依赖
与可信赖的合作伙伴交易

www.amanacapital.com

英国	塞浦路斯	阿联酋	黎巴嫩	科威特
伦敦	利马索尔	迪拜	贝鲁特	科威特
T: +44 207 248 6494	T: +357 25 25 79 99	T: +971 4 27 69 525	T: +961 1 370 930	T: +965 22 44 24 16/18
F: +44 207 248 6434	F: +357 25 25 31 34	F: +971 4 27 69 565	F: +961 1 370 930	F: +965 22 44 24 17

老虎外汇 —— 互联网科技创新服务商

致力于降低外汇交易门槛，提供一个公平、稳定、快速的交易环境

复制跟单交易系统
一键同步高手交易
一个账户可同时复制10个高手交易
被复制高手可额外获得20%收益分成

APP移动交易系统
便捷交易黑科技
开户 交易 出入金
一个系统全搞定

杠杆自由选择
50倍 100倍 200倍杠杆选择
灵活满足您对风险控制
资金管理的需求

扶持政策个性定制
一对一个性化定制服务
真正与您并肩的合作伙伴

定制化CRM系统服务
十八个不同维度的客户排序管理
十大类客户分类管理
上百种客户信息详尽统计管理方式

兼容MT4交易系统
支持EA交易
报价支持快 准 稳

老虎外汇
让投资就像玩游戏一样简单有趣！

开立账户　关注我们

客服电话：400-809-8509
官网：www.tigerwit.com
邮箱：support@tigerwit.com

高风险投资警告：市场有风险，投资需谨慎。金融市场的保证金交易存在较高风险，不适合所有投资者。增大杠杆意味着高风险与高收益并存。在您决定交易之前，必须确认投资目标、投资经验及风险承受能力，并且选择适合自己的投资方式。您需要知晓金融市场的保证金交易具有全部或者部分亏损的可能。老虎外汇交易平台为广大交易高手和普通投资者提供复制交易服务，网站发布的任何信息，包括实时交易提醒、投资文章及其他资源等均来自互联网。所有用户必须需仔细考量并权衡投资风险及安全性。交易高手的历史数据不代表未来操作能力。用户因此所产生的任何风险需自己承担。
老虎外汇受巴哈马证券交易委员会(SCB)的授权和监管，监管号：SIA-F185。
老虎外汇澳大利亚子公司Tiger Financial Technology Pty Ltd (ACN 614 234 687)，是HLK Group Pty Ltd (ACN 161 284 500)的机构授权代表(CAR No. 001 247 008)，被授权在协议内提供个人和一般性建议以及管理委托账户。

GMI GLOBAL MARKET INDEX

掌握全球汇市脉动 打造极致交易体验

- B2B经纪商
- 监管合规
- 深耕外汇多年
- 五大平台
- 四种账户类型及点差模式
- 流动性丰沛
- STP-ECN交易模式
- 高速执行 稳定流畅

深耕外汇市场多年
在交易技术上给予更多支持

GMI自2009年进驻中国以来，一直耕耘于交易技术领域，尤其是在网络架构上创造了业界屈指可数的执行速度。长达数年的外汇积淀，让GMI的客户遍布全球20多个国家，而今GMI已然成长为国际领先的在线交易平台和外汇解决方案专家。

外汇 | 贵金属 | CFD差价合约 | GMI在线交易经纪商

您的满意 我们的荣幸
如您有任何疑问建议，请联系我们

GMI客服专线：400-606-3399
E-mail: cs@gmimarkets.com
Website: www.gmimarkets.com

关注微信公众号   申请成为代理

亚洲交易博览

ASIA TRADING SUMMIT

亚洲交易博览（ATS）是FX168财经集团携手行业领袖Finance Magnates打造的一场金融盛宴，它将为您打开通往中国、通往世界的大门。

中国市场庞大且越趋多元化，投资者纷纷寻找新的产品和投资工具且对这些新的产品和投资工具非常开放，这样的市场您一定不可错过！

交易商、外汇经纪IB以及各企业分支机构、中国财经行零售商服务提供等都将云集于此，他们成为您发展、壮大企业的关键所在。

虽然在中国也有很多地方性的金融活动，但是亚洲交易博览是与众不同的。我们将充分利用丰富的国际、国内经验，去创造一场真正属于世界的博览。

联系我们
邮箱：business_support@fx168group.com
电话：4006-168-525

主办方：FX168 财经集团　FINANCE MAGNATES　conversionPROS

一个一战成名的舞台

一年一次的行业经典

FX168
分析师评选

下一届评选预告
敬请关注FX168